持续盈利

家居建材门店运营管理之道

顾林超/著

SPM
南方出版传媒
广东经济出版社
·广州·

图书在版编目（CIP）数据

持续盈利:家居建材门店运营管理之道 / 顾林超著.
—广州:广东经济出版社，2017.8
ISBN 978-7-5454-5484-0

Ⅰ.①持…　Ⅱ.①顾…　Ⅲ.①建筑材料—商店—商业经营　Ⅳ.①F717.5

中国版本图书馆CIP数据核字（2017）第150895号

出 版 人：姚丹林
责任编辑：甘雪峰　易　伦
责任技编：许伟斌
装帧设计：海阔天空

持续盈利：家居建材门店运营管理之道
CHIXUYINGLI JIAJUJIANCAIMENDIANYUNYINGGUANLIZHIDAO

出版发行	广东经济出版社（广州市环市东路水荫路11号11~12楼）
经销	全国新华书店
印刷	北京盛兰兄弟印刷装订有限公司（北京市大兴区黄鹅路西临89号）
开本	710毫米×1000毫米　1/16
印张	15
字数	193 000
版次	2017年8月第1版
印次	2017年8月第1次
书号	ISBN 978-7-5454-5484-0
定价	49.80元

序　言

过去 15 年，是家居建材行业平民化的 15 年。在行业飞速发展的大背景下，我们欣喜地看到越来越物美价廉的家居产品进入寻常百姓家庭，越来越多的经销商朋友因为选择这个行业而实现了自己的财富梦想。在行业总量爆发式增长的大背景下，市场红利让家居建材行业的每个参与者都赚得盆满钵满。可恰恰是因为市场的繁荣，导致大量品牌盲目跟进、投资量年年加大、主要品类出现了产能过剩的情况，家居建材行业的完全竞争时代提前到来。

最近三年，身边的经销商朋友越来越忙，每天都是做不完的活动、处理不完的各种问题。要命的是，利润却越来越低，对来年的生意应该怎么继续完全看不到希望。于是，很多人开始大声疾呼：家居建材行业不行了！风声鹤唳之下，我们需要思考：这个行业是真的不行了吗？

纵观家居建材行业 30 年的发展史，我们不难发现经销商的经营主要经历了三个阶段：产品制胜阶段、技巧制胜阶段及系统制胜阶段。

产品制胜阶段：2008 年以前，由于行业整体产能有限，导致供不应求，所以经销商只要有货就能赚钱。消费者不挑品牌、不挑质量，所有的品类都大卖特卖。逢年过节，尤其到了年底的时候，经销商最头痛的不是产品卖不出去，而是没有产品卖，没有产品送货。在这个阶段，凡是敢吃“螃蟹”，善于抓住机会、敢为天下先的经销商，最终都赚得盆满钵满。

技巧制胜阶段：2008 年以后，家居建材行业产能逐步扩大，供求关系也由供不应求开始走向供求平衡，甚至是供大于求。供给的增加，带给终端最直接的改变就是消费者开始挑产品，开始有要求。所以，从 2009 年开始，广大厂家开始研究销售技巧及产品销售话术的培训，希望通过更好的销售技巧和更有说服力的产品话术在销售环节打动消费者。这个阶段的经销商从靠市场吃饭走向靠本事吃饭。一部分优秀的经销商通过具体经营方法的创新，比如狠抓团队打造、全员技能提升、导入促销活动等，成为市场的新宠。这一阶段的时间跨度，一直持续到 2013 年。

系统制胜阶段：2014 年以后，家居建材行业完全竞争时代来临，行业进入全新的系统制胜阶段。经销商单靠自己的“打拼”、持续不断的促销、销售技巧的提升等单一手段，已经不能赢得市场。这个阶段要求经销商必须系统思考、系统经营，转变原有“头痛医头，脚痛医脚”的惯性思维，用系统思维对终端经营进行系统性思考。我们的经营管理不仅要从业务线解决门店从顾客获取到顾客成交，再到顾客经营的生存问题；更要通过运营系统及管理系统的打造，实现终端在盈利和管理上的可持续、可复制。只有如此，经销商才能做大做强。

家居建材行业完全竞争时代来临，行业走到全面洗牌的十字路口。在终端要求系统制胜的大背景下，中国家居建材行业未来 5 年一定是大浪淘沙的 5 年，在开放的市场环境中，能够先知先觉早日做到精细运营和系统经营的经销商将会强者通吃。而故步自封、安于现状的经销商将会被时代甩在后面，直至完全抛弃。未来 5 年，是逆水行舟的 5 年，在不进则退的市场环境中，经销商要么逆流而上、勇立潮头，要么慢慢后退，直到被兼并、被吃掉。未来 5 年，竞争的结果必然导致垄断，优质资源和品牌将会流向少数优秀经销商手中，经销商将会变少！

这是最坏的时代，也是最好的时代。只要我们把握先机，早日通过精细化的运营打造好自己终端经营管理的系统，实现终端盈利的可持续和管理的可复制，就一定能在百舸争流的市场环境中立于潮头，成为引领中国家居建材行业走向下一个10年的终端旗舰。

衷心祝愿越来越多的经销商和终端经营者能够完成系统制胜的自我准备，成为带领行业走向系统制胜、实现良性经营的中坚力量！

目　录

02 PART 门店管理：店面才是获取顾客的主战场

03 PART 人员管理：有好员工才有好业绩

04 PART 销售管理：用精细运营打造最强终端

01

PART

门店选址：
门店经营成功的第一步

1.1
终端门店的四大功能

很多人看到这个标题一定会问:“门店还能有什么功能?不就是卖东西吗,所有门店都应该是这个功能啊!”当然,这种理解无可厚非。“产品销售”绝对是门店最重要的一个功能,不过,除此之外,它还具有品牌展示、抢占市场和人才培养的功能。

产品销售是根本

商业行为的出发点都是逐利的,不管经销商经营什么样的品牌、开什么样的店面,其中最重要的目的之一,就是把产品销售出去以换取合理利润。没有销售就没有利润,没有利润就不能生存,这也背离了我们从事商业行为的初衷。所以,产品销售自然成为广大经销商朋友对终端门店最基础的认识,也确实是门店最基本的功能。产品销售固然是门店的基本功能,但门店的功能不仅限于产品销售。终端经营是整体行为,我们考虑的应该是整体盈利和长远发展,而不仅仅是某一个店面现在是否赚钱。这就要求终端店面需要承载更多具体的功能,而不仅仅是销售产品。

品牌展示也重要

不管是家居建材还是服装、家电的销售，你都会发现一个现象：旗舰店、形象店越来越多。在这里问大家一个问题：众多企业旗舰店开得这么生猛，大家觉得旗舰店的经营赚钱吗？

答案是：一半以上都不赚钱！

有数据显示：服装行业的旗舰店，80%是不赚钱的；家居建材行业的旗舰店，绝大部分也不赚钱。如果店面存在的功能仅仅是为了“产品销售”，那为什么旗舰店不赚钱却依然有那么多的企业经营者要不断开旗舰店呢？这些人能把生意做大、做强，可谓是众人眼中的“聪明人”，可为什么旗舰店亏钱也要开？

这就源于店面的第一个重要功能——品牌展示。

中国人相信眼见为实。在顾客眼中，店面大、装修好的店面就是大品牌。尤其是家居建材行业又是一个低关注度的行业。因为平时谁也不会闲着没事买房子、装修房子，所以，对建材、对家具等产品就不是很了解。很多人都是在买了房子，想装修房子的时候才会对家居建材的各个品类、各种产品进行高度关注和深入了解，所以，有一个好的形象店就显得尤为重要。这也是现在很多厂家、品牌开始做大店、做旗舰店、做形象店的重要原因。

如果文字不能让你有感觉，那我们来算一笔账：

如果想要在一个二、三线城市的市场中，开一个 800 ~ 1000 平方米的街边店面大概需要多少钱？按照当下的成本，需要进账多少才足以支撑房租？姑且先不论人员工资、运营费用等其他的成本，仅房租一个月就需要几十万到上百万。那么，这样的店需要完成多少销售额才能支撑这家店面的正常经营和运转？

由此可见，对于这样的店面而言，品牌展示的功能绝对优于产品销售的功能，也绝对优于抢占市场和人才培养的功能。可见，好的店面位置与店面形象，对于品牌展示和传播极其重要。

如果想要在一个二、三级的城市，开一个 800 ~ 1000 平方米的街边店面大概需要多少钱？按照当下的成本，需要进账多少才足以支撑房租？姑且先不论人员工资、运营费用等其他的成本，仅房租一个月就需要几十万到上百万的开支。那么，这样的店需要完成多少销售额才能支撑这家店面的正常经营和运转？

由此可见，对于这样的店面而言，品牌展示的功能绝对优于产品销售的功能，也绝对优于网络抢占和人才培养的功能。可见，好的店面位置与店面形象，对于品牌展示和传播极其重要。

找准机会占市场

如果你处在三、四线城市，可能对于这点并不是很有感觉，但如果你在北京、上海、广州、深圳等这些一线甚至超一线的大城市，你就会有切身的体会，一两个门店根本不够，甚至三五个门店都不够！对于有些品类来说，一次性考虑建 8 ~ 10 个店面是很正常的。这个时候，店面抢占市场的能力就会显得非常重要了。

我想问各位终端经营者一个问题：如果入驻一个商场半年到一年的时间内都不会赚钱，你还要不要入驻？

很多人会想：赚钱和入驻并不矛盾啊，只要等这个商场赚钱了我再入驻不就好了？但是，你再想想，如果等到商场能赚钱的时候再入驻，那时还轮得到你吗？就算能够费时费力挤进去也未必能得个好位置。所以，有的商场即使开始时不挣钱，只要看好商场的未来和商圈的前景，很多聪明的老板也会选择入驻，这时候他们采用的策略就叫作抢占网络。先占据有利的位置，慢慢培养以图将来。因为如果你现在不下手，等生意好做的时候就没你什么事了。另外，如果这片市场不是你在做，是另外一个和你经营相同品类的竞争对手在做，虽然每月的业绩并不突出，只做十万八万的，但不管他做的业绩是多少，都是在蚕食你的市场，迟早有一天，你会变得进不能攻，退不能守。这就印证了我自己发明的一个词，叫作“战略性亏损”。这样的战略是基于对未来的考虑，虽然现在不赚钱，但是未来可能赚钱。

人才培养是王道

所有店面都可以进行人才培养，这可以算是店面的基本功能之一。但是我们会发现，有一些店面人才培养的功能明显要强于其他的店面。比如说旗舰店，包括部分总代理、部分区域代理、部分工厂开设的直营店等。直营店最重要的功能就是品牌展示和人才培养，因为直营店有一个很重要的使命，它需要向它的经销商、加盟商等下游商家输出人才和盈利模式，输出成型的商业模式。新产品做出来、新店开起来后要怎么做？需要什么样的人才，都是由直营店先来试水，然后总结整理出一套体系提供给下游经营者。

品牌展示、产品销售、抢占市场、人才培养，以上四点就是整个终端门店的四大功能。

第一，品牌展示，有个好形象、好门头自然有个好品牌；

第二，产品销售，好品牌、好形象最终要转化成业绩；

第三，抢占市场，现在不好做，也要抢占位置以图将来；

第四，人才培养，旗舰店、总代或者区域代理手下经营的店面中，最少有一两个会成为人才培养非常重要的“基地”，以向其他店面输出人才。

1.2
针对性进行店面资源的配置

店面的功能不同，店面的配置要求自然也是不同的。

注重人才培养的店面

对培养人才功能较强的店面而言，店长要非常优秀，店面管理要非常规范。

如果说把一群人放在本来就不够规范、不够优秀的店面进行培养，那么培养出来的人才质量必然会大打折扣。所以，这样的店面对店长、管理人员、规范制度等要求会很高。

偏重网络抢占的店面

就偏重抢占市场的店面而言，重要的在于一个“占”字。

吸引大量人流是这类店铺首要考虑的因素，多少有点销售业绩就更好了。店面不一定要做到最好，形象能通过品牌厂家的标准就行，销售业绩也不一定要做到最高，差不多就行，最主要的就是抢占市场位置和人流。

以销售为主的店面

以产品销售为主的店面，销售业绩是第一位的。管理上不一定是最规范的，但团队战斗力一定是最强的。

这时，我们一定要区分最强和最优的团队，他们完全是两回事儿。有的店面可能管理得很规范也很系统，但卖货的时候，未必是一把好手。以产品销售为主的店面，要配备的是最强悍的销售人员，上战场就能打赢，重点考察的是销售的能力。新员工就不能放在这里了，他们尚不能产出“粮食”，应该放在人才培养的店面进行历练。

以品牌展示为主的店面

对品牌展示为主的店面来说，通俗点的说法就是形象好、气质佳、颜值高。就是看起来不但店好、装修好，人也很顺眼。同时，品牌店的装修要求是很高的，不管是家居建材还是服装、家电等其他品类的旗舰店、独立店，都是一样的，一定是位置、形象高配置，人员也是高配置的。因为它重点不是用来“卖”的，而是拿来“看”的。

这就是店面的功能，及其功能所衍生出来的相应的资源配置及具体的配置要素。

1.3
互联网背景下终端门店如何留客

近两年我们的线下门店和电商“掐得”很凶，导致很多人开始怀疑：终端门店究竟有没有价值？

伴随着电商和线下实体店的不断碰撞，很多老板一直在思考，实体店和电商两个方向究竟应该何去何从，究竟是选线上，还是选线下，还是线上线下都做？

服务、体验、价值、信任、保障

其实，线上肯定是要做的，但是对线下也没必要那么害怕。很多人真的是非常的怕，一想到线上，一想到O2O就感觉没法过了，愁得睡不着觉。到底有没有那么严重？其实并没有。因为线下的店面存在的这些价值——服务、体验、价值、信任、保障，是线上基本解决不了的。

附加服务必不可少

无论大家经营什么产品或品类，都和电商有过一些接触，那么电商的服务究竟好不好呢？

我们对电商服务的印象主要是送货快、购买方便，并没有其他的附加价值的服务，而线下在服务方面却有很大的挖掘空间。线下门店可以通过与顾客的深度接触，在与顾客接触的每一个点上为顾客定制个性化的服务，让顾客有更好的服务感知。而线上的东西过于追求标准化，所以能做的服务非常有限。

体验营销证明自己

对消费者来说，整个购买过程中的体验是非常重要的。在线上的体验主要侧重两点：速度快、购买便捷。但我们退一步来想，家居建材行业本身就不具备能够快速成交的特性，从进店到收钱 5 分钟搞定简直就是天方夜谭。

我曾经试过买一件西装，从进店到出来 5 分钟就可以搞定了，但是你见过谁家买瓷砖、门窗、壁纸、沙发等家居建材，从进去到出来 5 分钟就搞定的吗？没有！基本都需要交谈两次以上才能成交，有的甚至要交谈更久、更多次。

我曾经见过一个导购和一个顾客一直连续协商了 18 个月，也就是相当于一年半的时间才成交，因为顾客最初来看产品的时候，房子还没建好，也就是在还没有交钥匙的时候就开始寻找合适的沙发了，交完钥匙后紧接着继续看，房子装修时再看，买个沙发历时 18 个月。这中间如果有任何一个环节服务不好，或者体验不好，根本就不能成交，你见过哪家电商能够盯一个顾客这么久的吗？

况且，家居建材行业的产品本身就比较“重”，都需要进行深度的交流与沟通，了解之后顾客才会做出购买的决定。比如买床垫，价格稍微高一点的，顾客都有想要躺在产品上体验一下的诉求，购买家具一般也都会想看一下实物并进行体验，仅凭这一点，就和我们买标准化的线上产品有着很大的区别。所以，体验是线下实体店一个非常重要的功能。

不断创造额外价值

单看“价值”这两个字，大家可能会觉得有点蒙，如果我再给它加上“创造”这两个字，也就是“创造价值”，你或许就明白了。基本上，电商给我们带来的更多的是便捷，但不会给我们的顾客创造额外的价值，而线下实体店却可以创造价值。

比如你去买家具、瓷砖、卫浴、门窗等家居建材产品，终端店面的销售人员对于这方面有非常多的知识积累，并拥有丰富的专业知识。他们能够举一反三，能够在顾客想要的产品之外进行更好、更优质的搭配，帮助顾客做出最好的选择，或是提供一个更好的购买方案。即使是顾客不购买自己家的产品，而选择别家的，他们依然能够为其提供很多专业的、建设性的意见和建议，这就是创造价值。

对于电商而言，要做到这点确实是不容易的，至少目前看起来很难。所以“创造价值”这一点只有我们线下的店面能够做到，而且是线下足够优秀的店才能做得到。

获得顾客的基本信任

中国人相信眼见为实。所有电商销售的东西，可能一点鼠标，马上就成交了。可是到了大金额的产品交易时，顾客内心就会犯嘀咕：万一我付了钱，这个人跑了怎么办？万一我后面有售后的服务需要，却找不到他又该怎么办？这样岂不就尴尬了，因此，顾客会觉得心里没底儿。

2016 年 7 月，我找人帮忙录制了一场课程的视频。虽然我现场拷走了原片，但是当时约定了，等视频精修后再给我一份。出于信任我当时给对方付的是全款，但是直到今天为止，已经过去很久了，我依然没有收到精修的视频，这个时候，我对他的信任就已经崩盘了。

在中国人有句古话“跑得了和尚跑不了庙”，这也是线下店非常重要的一个功能，那就是能够与顾客建立非常直观的联系。特别是很多经销商老板都具备本地化特征，与来买东西的多数顾客都相识，尤其是在三四线城市，人与人之间的距离最多就是隔着一个人。

所以，店面在承诺产品好、服务好的时候，相当有说服力，顾客也很相信。因为，地域性的特点在顾客心里无形中形成了一种信任保障，即使最后产品出现了问题，顾客依然能找到销售方，我们不需要有多余的担心。事实上，所有的成交、所有的生意最终都是基于信任。

> 没有信任，就没有成交，
> 也必然不会有买卖。

我们在网上买东西本身也是存在信任的，但是对于家居建材品类来说，由于其产品本身比较“重”，对服务要求比较高，所以对我们与顾客之间的信任程度的要求就会显得更高。因此，买卖家居建材就需要有“彼此更加信任”这个前提。

为顾客解决后顾之忧

在上面提到的我自身经历的案例中，当我把钱全部付清，索要精修后的视频就一直没有后文了。但是，如果对方是一家线下实体店，我完全可以直接到他的店里，当面去处理这个问题。有人说，顾老师，你可以去淘宝投诉啊。当然可以！可是本来就没花多少钱的事儿，我再去投诉，时间成本、精力成本都太高了。但如果是在线下，就有了保障，结果会完全不同。

经营家居建材产品的朋友们都知道，顾客在什么时候才会更多地考虑服务？必然是在即将成交或已经成交之后，此时，保障就显得尤为重要。我们这个行业本身就是一个低关注度的行业，标准化程度、透明程度都比较低，顾客对产品、服务等相关事宜懂的比较少，所以这时候"保障"这两个字就显得极其重要。

线下店最大的保障在于：顾客在你这里买东西，我认得你的人，认得你的店，这么大的店，不会说没就没，说跑就跑，万一购买的产品出问题，我就能找到店里寻求解决方法。因此，对顾客这种心理的保障是线下店一个非常重要的功能。

服务、体验、价值、信任、保障，这五点是很多线下店面能够优于线上渠道的原因。这当然不是说线上渠道不好，因为我们家居建材行业本身的特点就是非常的"重"。这就涉及了我要讲的第三点：终端门店的价值。

1.4 稳赚不赔的黄金店面

做终端零售的生意，优秀的人才、优质的产品、好的店面形象固然重要，但是门店的位置选择才是重中之重，好的位置能够让我们的终端经营“事半功倍”。

我在大学的时候学习的专业是连锁经营管理（零售管理），曾系统地学过门店的选址。如果大家在生活中仔细观察，就能够发现一个很有趣的现象：基本上沃尔玛开到哪里，肯德基就会开到哪里；家乐福到哪里，麦当劳就到哪里。为什么？麦当劳、沃尔玛、肯德基、家乐福对选址的要求都特别高，其中沃尔玛、家乐福的选址更谨慎，它们每进入一个城市，进入一个商圈进行选址时，都要经过非常周密的计算，非常精确的分析，才最终下决心。显然，麦当劳和肯德基偷懒了，与其自己做一套分析，不如就跟着家乐福、沃尔玛走。本着“它们都能养活，我也一定能活”的思想步步“跟踪”。肯德基和麦当劳的加盟费动辄几百万，他们为什么如此重视终端位置，并且会选择跟着大的百货零售商走呢？

这就涉及一个问题，对于实体零售终端来说，什么最重要？

当然是位置好最重要。不管你是在商场还是在大型商圈，一个好的位置都非常重要。当然，在商场你会更有感觉，从正门进来中厅一圈是生意比较好的，进门的左右两边是一号、二号位置，再往里面走是三号、四号位置。如果一个商场每天能吸引 2000 ~ 3000 波顾客，看起来好像人很多，可是分到 6 个门、8 个门，每个门剩下多少人呢？ 300 人。如果你的位置不好，路过你们家门口的 5 波人，能进来一波就算你运气好了。如果你在一号位置、二号位置、三号位置或者是中厅一圈、电梯周边，不管顾客怎么走，最终一定会走到电梯、楼梯口。所以，位置很重要。

一位零售专家曾经说过，做零售，三个因素最重要：第一是选址，第二是选址，第三还是选址。门店所处位置对最终经营的重要性由此可见一斑。选址对店面来讲真的是非常重要的，也许开始经营后有些问题已经是改变不了的，但是，如果你还想改变，那么选址就是你首要考虑的问题。

在北京西单有一个非常有趣的现象：靠北边那条街的店面生意都很好，靠南边的店面却基本没生意。它们同处一个商圈，前后相差 300 米，为什么效果会差距这么大？这就是终端选址，是门店的灵魂所在。同一条街，南北不一样、东西不一样，效果就会不一样。

前几天一个朋友的壁纸店开业，我去参观。他就深谙选址之道，为了一个好的位置竟然整整等了半年之久，还花了数十万的转让费和不少的公关费用。不知道大家看了有什么感受，就我的经验而言，如果真的是一个好的位置，花数十万、等半年也一定是值得的。因为如果一个店的位置不好，你就输在起点上，后面的整个经营都会非常辛苦。所有的终端销售都要解决 3 个问题：一是有没有人来；二是能不能成交；三是能成交多少人？没有好的位置，首先就输在了“有没有人来”这个问题上。

人流量由什么来决定？当然是位置。在北京，西单的人流量很大，但是如果你到宋家庄人流量就会相对减弱，如果你将店面位置搬到五、六环外，人流量当然就更小了。

人流、便利、氛围

人流量大好理解，就是人多的地方。

店面零售是一个概率问题，要想让自己成交的概率更高，命中更多的顾客，最好的办法就是让自己的店面开在目标顾客最多的地方。这也就是为什么有的商场租金很贵，却一店难求；有的商场虽然租金不高，空场却超过 20% 的原因。

所有的零售都是一个
概率问题！

便利是什么？主要指顾客购物方便，停车方便。随着经济的发展，很多大城市的人都是开车购物，如果开车转一圈没有地方停，需要不停地寻找车位，这样的商场你下次还愿意来吗？

好位置有了，但是不方便也是不行的。北京东四环的红星美凯龙曾经是红星在北京区域最好的店，生意一直都不错。可是在 2013 年的夏天，门口修路，把原来的一个进商场的路口封死了。以前有顾客过来，都是通过这个路口直接开车进去，上楼就可以买家具、建材了，但是现在这个路口被封住了，顾客进出就变得非常不方便，受此影响，商场的整体业绩至少下滑了 40%。当时正好我服务的一个商家在这个商场里有很多家店，他眼睁睁地看着店里的业绩一天不如一天。其实所有的东西都没变，店还是那个店、人还是那些人、产品还是那些产品，唯一变的就是得天独厚的为消费者提供便利的路口消失了，让买东西的人进不来了，或者说进来很不方便，需要绕一个大圈才能到这个商场。如果你是顾客，自然就会想，与其绕一圈这么麻烦，不如到周边的其他商场去选购，所以，便利非常重要。

氛围也是门店选址需要考虑的因素之一。如果你在卖服装、做餐饮的区域开了一个家居店，生意会好吗？不会！因为“物以类聚”，来这条街上逛的人都是买衣服或是吃饭的，谁会特意跑到这种地方来选购家具、瓷砖、卫浴？这太不正常了，基本上不会有这样的情况。所以，商圈的氛围很重要。

我们会发现每一个城市都会有一个规范或者不规范的家居建材商圈或卖场。如果你所在的城市没有规范化的大型卖场，就必须要考虑自然形成的商圈。比如说遵义有一条建材街，其他地方的建材街大多只是被众人称为建材街，而遵义的这条建材街本身就被命名为“建材街”，所以，这里形成一个很好的消费氛围，周边的100多家商铺，全是做家居建材的。如果在这个位置开店，自然能把握住更精准的用户，精准用户的人流量也会很大，进店人数自然会增多，这是必然的结果，因为你有足够好的氛围。由此可见氛围对门店选址的重要性。

对终端经营来说，

好的位置就是成功的一半！

其实，我们讲门店选择的要素，以及门店位置怎么选择，就是要告诉大家：好位置是成功的一半。特别是刚开始做生意的时候，因为一旦你有了足够多的人流、足够高的进店率，整个经营就会轻松很多。当然了，最终的成交还有赖于我们店面产品、人员和服务的密切配合。

硬件设施不能输在起跑线上

匹配卖场或商圈的形象

如何匹配卖场和商圈的形象？这要看你对自己产品的定位。如果你定位在中高端，大排档这种地方就不要去了。在这种地方，你的产品给顾客一看他就会觉得很贵，只要顾客产生了这种想法，那你的产品就是贵了。如果你的定位是中低端，甚至是走批发和散货，非常高端的卖场也就没有必要进驻了，你的专卖店形象根本支撑不了。所以，你的形象、定位一定要与卖场相匹配。很多做中低端家居建材的朋友不愿意进驻专业卖场就是这个原因。

门店的位置和面积

一个卖场的好位置基本上就在入口和中厅那一圈，再精确一点也就是卖场的那几个门、电梯和扶梯口。如果不努力拿到这几个口，不努力向这几个地方靠拢，那么对于经营者的要求就会更高。需要经营者不断做推广，不断地进行主动营销，将顾客导入店内。顾客进来之后，对导购员的成交能力要求也会更高。

大家小时候玩过枪吗？如果玩过，你可曾有过这种体验，当手中的子弹足够多，就随便打，总会打中的；但是如果子弹很少，目标又比较小的时候，自然对枪法的要求就会更高。

另外值得注意的是店面的面积。当然不是店面的面积越大越好，但是店面小了，一是不利于产品展示，二是影响顾客对我们的第一印象。中国人有句老话叫“店大欺客”，把这句话反过来理解，就是你的店稍微大一点，做生意就稍微占了点便宜。因为，店面的面积能够影响顾客对你的信任、品牌的宣传展示及进店人数。同时，只有拥有一定面积的店面才能有好的门头、好的宣传位置和推广条件。

外部形象和周围广宣

近两年，对零售经营要求越来越细。所以，对店面的形象要求也越来越高，后面我会跟大家详细阐述，怎么样提高店面的形象，做好管理。形象如果不好，顾客进店的概率就会下降。面积差不多，门头足够大才会让顾客有进店的欲望，同时不管你做不做活动，推广都是必要的，如果没有条件做好的广告宣传，经营也一定会受到影响。所以我们在选择位置的时候，要考虑卖场商圈的形象、定位、经营水平，同时也要考虑我们在卖场中的具体位置和面积，包括外部形象及周围的广宣，甚至要考虑到商场的内外形象和内外位置。即大商圈和小商圈，大位置和小位置。

什么叫大商圈？你所在商场的位置，是不是处在这个城市比较好的位置？比如说北京的家居建材市场，北四环、南四环是最好的，这一点毋庸置疑，这就叫作大商圈。同样在北四环、南四环，我们还要考虑小商圈、小位置。前面我们讲过很有意思的现象就是西单往南生意很好，往北生意就惨淡。王府井也是如此，前一点、后一点是有很大差异的。

如果你刚开始做生意，那么位置一定是最重要的。如果你的店面已经经营了一段时间，那就建议你在有可能的情况下，换一个更好的位置。

确定一个适合的商圈

不管大家做什么品类，基本上单城市、单店未来会很难经营，除非你在四、五线城市。在一、二线城市大部分品类未来都会走向：单城市多店。

我个人有一个判断：很多城市，未来经销商会变少，记住，不是店会变少，而是经销商会变少。这是为什么呢？

因为大部分的品类会集中到优秀的经销商手中。我们来看下家电行业的发展，你就会明白我为什么会有这个判断。过去的家电行业，美的、海尔是直接的竞争对手，它们的经销商基本上不会是同一家，也不可能是同一个人。做海尔的就不能做美的，做美的就不能做海尔，但是现在你会发现，一个经销商会同时经营美的、海尔或者其他的品类，为什么？因为一个城市优秀的经销商是有限的，每个城市优秀的资源大都集中在一两个人手上，你想要做电器、想要做冰箱，不给这几个人干给谁干？

未来，家居建材行业也会走向这个阶段。优秀资源会向少数优秀经销商手中集中，这样一来，一个经销商就会拿到多个品牌，开多个店，就会出现“多品类多店”。所以做好门店的具体规划和布局就会显得很重要。

大城市开多店，小城市开大店

谁都想做大店，但是在北京，一个大店，一个月房租就需要几百万，这得卖多少钱才能支撑一个大店啊！但是在小城市情况就会有所不同，小城市的房租比较低，而且小城市的消费者对这种“眼见为实”的大店更有感觉上的要求。一看是大店，就会觉得：不管什么品牌都是好品牌，不管什么产品一定是好产品。为什么？店都这么大，看起来气势恢宏，一看就像是好东西。而大城市的人，相对要理性一些。也许就是大家通常认为的那样“见多识广”，因为大城市的信息交流和沟通更方便。因此，大城市要开多店，小城市要开大店。

去年我和一个朋友聊天，他打算投两三百万在北京开两个橱柜店。我给他的建议是：“你如果想在北京做橱柜，至少一次要开 4 个店，东、西、南、北各开一个。”大家也许会想，如果他只开一两个店，能做吗？能！但是死掉的概率一定会比活下来的概率大。因为如果顾客问，“顾老板，你是不是在红星、居然都有店啊？”“没有。”“那你是不是在红星都有店啊？”“没有，我们只有这一个。”如果这样，那就完了，顾客基本上不会考虑购买你的产品。

考虑到经营特性，考虑到消费心理，考虑到大城市的这种消费行为及经营的具体压力和成本，原则上建议大家：大城市开多店，小城市开大店。因为不管你做什么品牌、什么品类，在大城市内用一两个店很难打透。所以，一线以上的城市要考虑开三四个店，二线以上的城市都要考虑多店。如果你在四、五线城市，或者是三线城市的很多地方，是可以考虑用大店来“打透”一个城市的。店足够大，就可以保证你在该城市的穿透力。

核心商圈与次级商圈的布局

什么是核心商圈？在北京，王府井和西单就是核心商圈。实体商万达边上的“××现代城”，这些存在于核心商圈周边的一些区域性的商业中心，被称之为“次级商圈”。当然，商圈布局意义在大城市中表现明显，而小城市就只有一个商圈。大城市有核心商圈和次级商圈，那你在考虑卖场布局的时候，就要考虑核心商圈和次级商圈的位置占据问题，就像我们前面提到的，有的地方就算是有“战略性亏损”，你也要在这两种商圈内都保有自己的一席之地。

例如，如果你在北京做家居建材，北四环边上的居然之家是全国最好的店面，它边上的店面，一定是位于核心商圈，不用说在这儿开店一定是最好的。然而，只在这儿开个店，肯定是做不好的。一方面不赚钱，因为经营成本高。另一方面经营要求高，北京这个地方绝不是一两个店面就能够做透的地方。西边的居然之家，北边的红星美凯龙，南边的城外诚，可能都需要考虑做相应的布局。就装修等具体形象而言，这几个卖场的店面会有相应的差异。这就是我们讲到的，核心商圈与次级商圈的均衡布局。

未来，越来越多的经销商会走向单品牌多店或者多品牌多店，甚至是多品类多店。因此，一个城市同城的规划和同城商圈的布局，就显得尤为重要。以上就是门店位置选择的两个重点内容。一是门店选址；二是同城的规划和布局。有好位置固然是好事，没有好位置，要尽力换到一个好位置，至少有了好位置之后你的经营会轻松很多。由于人流量的增加，即使你的成交力、经营能力稍弱，依然是可以赚钱的。

02 PART

门店管理：店面才是获取顾客的主战场

2.1
塑造店面的品牌形象

巧妙运用销售的四重境界

首先说一下形象，大家可以先欣赏一下图中的段子，在段子里体会销售的“四重境界”。

第一个层次：一个男生对一个女生说：“我很帅，也很优秀，你和我在一起，我绝对让你幸福，你的亲戚朋友也会羡慕你。”这叫作推销，而且是强推。就好比我们做家居建材的店面拦截人员，在街上拉客户，上来就说：“大哥您好，来买我家的东西吧，我家的产品绝对是同商场里面最好的，家居建材，瓷砖卫浴，都是最好的。”这种也叫作推销，其实，这二者之间的道理是相通的。

第二个层次：“我老爹有 3 套房子，嫁给我，房子就都是你的，因为我是独子。”这叫作促销；“先生我跟你讲，参加活动还能抽奖，一不小心就能抽到 iphone7。”抽手机、抽金条等活动，也叫作促销。

可是，推销和促销这两种手法虽然常见，但是很多人并不吃这一套。所以，必须进化到第三个层次：男生根本就不需要对女生表白，但是女生被男生的气质、风度所迷倒。一看人长得这么帅，这么有气质，双眼就开始冒红心。虽然我不主张颜值控，但事实证明“一见钟情”这样的事儿在颜值低的人身上几乎是不可能发生的。所以，如何能让顾客只看一眼就甘愿只和你谈，只找你买？这就需要发挥营销的魅力了。

销售的四重境界

当然，如果能成为品牌是最好的。品牌的力量就在于，能使顾客在没有见到产品之前，就听到所有人都在说它好。不过，目前家居建材行业的品牌基本还停留在业内品牌阶段，没有真正意义上的社会化品牌，所以我们可以暂时不考虑品牌，先做好店面形象的管理，发挥出营销的魅力。

红星美凯龙第七代店，基本上现在各大卖场主要的外立面都是这个形象。当然，比第七代店更好、更漂亮、更多元化的第八代店也已经出现了。目前，全国大概有 2 ~ 3 个。不过，其实第七代店形象已经足够漂亮了。

单看墙面，就能感觉到红星美凯龙这个商场非常时尚、非常有国际范，一看就像大品牌、大商场。就外部形象而言，红星美凯龙绝对是做得非常好的。但是只看红星美凯龙或许你没有什么大的感触，毕竟没有对比就没有伤害。有一家比较有名的卖场叫“居然之家”，有谁见过 2015 年前的居然之家吗？我见过，2015 年前的居然之家可以简单地概括为：有点旧、有点破、有点传统、有点保守。

试想一下，如果你不是家居建材行业的从业者，而是一个消费者，第一次进入大商场购买家居建材，一边是红星美凯龙、一边是居然之家，作为一个想买好的产品、好的品牌的顾客，会选择哪一家商场？

我问过很多朋友，当一个人对行业内所有的品类没有了解，对所有的品牌没有认知的时候，大部分人会选择“红星美凯龙”。为什么？看店面形象，就像是卖好东西的样子，商场看起来就像有好东西的商场，所以，“颜值”非常非常重要。

看到外部形象，想买好东西的消费者多数会选择红星美凯龙，因此在与顾客见第一面的时候，红星美凯龙比居然之家拥有更多的优势。其实，商场、店铺的形象不仅对于消费者的选择有深远的影响，对很多经销商老板也有同样的冲击。这种冲击主要体现在定位上，根据 2015 年前居然之家的外部形象，可能定位相对来说会比较一般；根据现在红星美凯龙的外部形象，定位就会略高一点。试问各位经销商老板：我们自己都会对形象的好坏有如此想法，更何况是消费者呢？所以店面形象十分重要。

当然，最近两年，居然之家的外在形象也变得越来越好，装饰越来越时尚、大气，并与国际接轨，甚至对比红星美凯龙大有后来居上的势头。

这就好比，两个人相亲，初次见面，即使不关注长得好不好，也一定会关注长得顺不顺眼，过不了“眼睛”这一关，基本就没有下文了。平常，我们去一个商场买衣服，会进什么样的店面？一定是能够满足你对好衣服、好服装有充分想象的地方，如果它的店面装修也符合你内心的标准，你就会有一个判断，这家店里卖的东西肯定也不差，紧接着进店、试衣、成交，就会变得顺理成章。所以成功的店面形象，是能够引客进店的。

我们做生意也是，不管是一个商场还是一个店面，如果你的店面形象不够好，顾客在门口一看，就会立马判定：他们家的店不像卖好东西的。也就会产生行业可能会出现的一种尴尬状况，“把大品牌卖出了地摊货的感觉”。

店面形象是产品价值的镜子

顾客凭什么进你的店铺？你的产品凭什么这么贵？

你的产品价格由什么决定？有的人说：由功能、材质、服务和品牌决定。这些当然都是影响价格的因素之一，但是一个好的店面是不是也非常重要呢？比如我去买奢侈品，仅打量店面的环境，就判定这块表价值 3 ~ 5 万，和产品有关系吗？并没有！和什么有关系呢？店面形象。所以，“顾客凭什么进你家的店铺，你的产品凭什么这么贵？”都由店面形象来承担。

还是那句话，好的店面形象，总是让人一眼就能判定这个东西好，一看就能断定这个东西不便宜。逛街时，因为你的店面装修好，更有感觉，顾客就更愿意进入你的店里。

终端店面是传递品牌形象的载体

我们的品牌形象靠什么来传播？你说自己是大品牌，老板很牛，公司上市，然而对于消费者而言，公司上市关我什么事儿？老板很牛关我什么事儿？这些都不及顾客对你的店面形象“遥遥一瞥”后内心做出的评价。所以，顾客只关心你的店面形象靠不靠谱，装修能不能满足我的想象。

消费者对品牌的感知，由我们的店面形象来完成。一个产品的价值主要由两点决定：一是消费者的消费需求，二是消费者在整个消费过程中的感知和体验。那么，好的感知和体验从何而来？最初的感知和体验源于好的店面形象。就像我们判断一个人帅与不帅，打扮是很重要的。衣服合适、搭配合理，穿着得体，就挺好的。反之，如果穿着不合适，即使长相帅气的小伙也会很快被pass掉。所以，终端店面是最能完整传递品牌形象的信息载体！因为中国人相信眼见为实。

销售初始阶段，

消费者对品牌的感知来自店面形象。

眼见为实是消费心理研究中一个非常重要的点。地产商卖房子也会利用这一点，比如说买房，地产商总是会把样板房、花园做得很漂亮，会把一些看起来很漂亮的场景展示给顾客，因为消费者依然相信眼见为实，你告诉他有花园、有水池他也不会相信的，但是有了实景图就不一样了。同理，当我的店面装修得足够漂亮、足够恰当、足够场景化的时候，顾客一看就会想象自己的家里是不是也可以装成同样的样子？眼见为实，人类接收的外部信息83%来自视觉！

在男女选择伴侣的时候“眼睛”的感觉很重要。当你购物的时候，你看见一个东西才会有安全感，反之则没有，所以，店面形象非常重要。

帮你读懂消费者心理

接下来，我们从消费心理的角度，来一场更深度的剖析。

第一行从右至左依次是：注意——兴趣——联想——欲求——比较——确信——决定——满足，这就是一个消费者消费心理的变化。

第二行从右至左依次是：待机——接近——提示——了解——说明——推荐——解释——建议——成交——附加——欢送。这是一个消费动作和销售流程的变化。

上面这两行或许很容易理解，但是下面这两行可能就看得不是那么明白了。

第三行从右至左:（店铺）商品展示力，指的是店面形象和产品的自我展示能力与销售能力，只有有了好的店面形象，才会被消费者注意到，才会让消费者有好的联想，才能让消费者有想拥有的欲望，他才会进一步想，把这个店里的产品放到我家会是什么样子。如果没有这些，顾客不会进入你的店。所以，能决定顾客是不是愿意进入一个店面，能使其产生美好的联想和兴趣的直接刺激是:（店铺）商品展示力。到中间阶段，导购的推荐能力、成交能力才会逐渐发挥作用，导购的价值才开始体现。

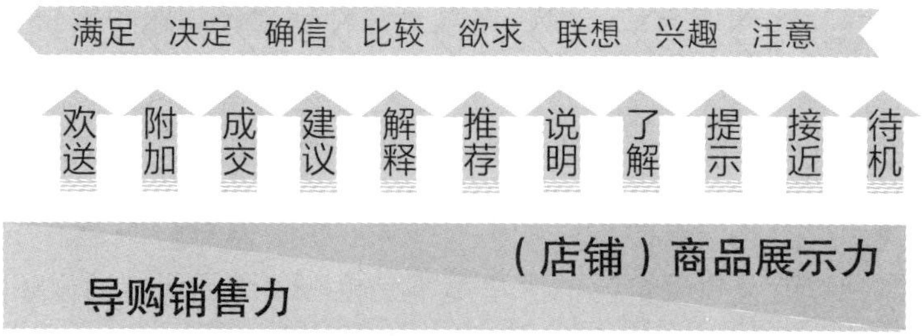

终端店铺（产品）与顾客的互动

在刚接待顾客的时候，技巧是没有太大用处的，按流程走就好了。那么，技巧什么时候开始有用呢？越靠近成交，技巧越有用；越靠近成交，技巧越有价值。前面我们只需要跟着流程走就行，后面才需要采用很多技巧来实现成交。

综上可见，如果你没有好的店面形象，没有好的自我展示和聚客能力，顾客是不会进来的。如果顾客不进店，再优秀的导购、再好的产品、再优秀的品牌、再大的工厂都没有意义。以上是我们从顾客的消费心理和消费流程的角度来剖析店面形象的重要性。

上面这张图片是我出差的时候拍的一家卖软体家具的店，看着这张图片，对这里的沙发给出你心里的销售估价？

我个人的看法是，这种大的转角沙发超过2000元我都会嫌贵，但如果换一个位置，价格可能就不一样了。为什么？因为，整个店面的消费环境、展示环境太差，一眼看过去全是沙发，毫无价值感，顾客逛这样的店面，就像在逛大排档，所以在心里也只能对你的产品给出菜市场的价格。因为你的店面形象让顾客觉得你这里的货不上档次，不值钱。这样的产品摆放，让顾客没有任何的想象空间，自然也就没有购买的欲望。但是，如果上面这几组沙发出现在另一个地方，那感觉就完全不一样了，请看下图：

这是国内某顶级品牌的一个大厅，如果在这种环境中摆上几套沙发，是不是瞬间感觉就不同了呢？同样的产品，我相信即使叫价 2 万元，甚至是 5 万元，也不会有人嫌贵。通过这组对比，充分体现出了店面形象的重要性。

国内很多人都会买一些奢侈品的包，这些包在国内的专柜价可能在 2 万元左右。为什么我要强调是专柜价 2 万元，因为这些包如果放在北京国贸的天桥下面，一样是真皮，一样有海关证明，一样是正品保证，一样可以检测，你会花 2 万买吗？答案是肯定的：你不会！

一样的产品，一样的价值，为什么换个地方你就不愿意花 2 万元了呢？甚至在国贸天桥下，500 元你都不一定愿意买，50 元有些人还会说“我考虑一下”，这究竟是为什么？这就是店面形象对整个消费心理和成交的影响。

同样，仍然是这个包，如果它是一个假的，是A货，在某某地方生产的，却放在了王府井一个专柜里面，谁能鉴别它的真假？就因为它在王府井的店里面卖，再给你打个 95 折，少收你 1000 块，估计你都高兴坏了，因为这家店里的包包是常年不打折的。

所以，一个东西卖到什么价位，不仅仅由价值决定，还包括它所带来的整个消费感知，好的店面环境、好的购物环境是非常非常重要的一个环节。同样的沙发在大排档就值 2000 元，在高档店面就值 2 万元，其他一点区别都没有，这就是好的店面形象对价格、成交、进店的影响。

2.2 吸引顾客进店的有效方法

投形象小钱，赚市场大钱

我们整个店面形象涉及的内容，位于底层的是店铺的整体形象，包括设计、硬装等；其次是灯箱、灯光照明的整体使用；再往上是店内的软饰，包括摆场、装饰等。近两年，很多大的品类和品牌在摆场和软饰上要求都越来越高了，但是在很多细节上做得还是不够好。比如，卫生问题依然是一个老大难。图中的店铺形象管理金字塔，由下到上是层层推进的关系。只有在店铺形象对顾客有足够吸引力的情况下，顾客才会进你的店。总结为一句话就是：以人为本，“投形象小钱，赚市场大钱”！

什么叫以人为本？大部分老板对自己的店面形象还是比较满意的，因为他天天在店里，经常看，已经处于极度的审美疲劳状态，自然是越看越没有感觉，也就很难发现问题。以人为本的本质在于“以顾客为本”，换个心境、换个角色来审视自己的店面。你可以站在不同的位置上来观察自己的店面，左边、右边、中间各看 3 分钟，观察有什么不同。

也可以站在顾客的角度想一想，同样都是卖瓷砖的，在众多瓷砖的店面中会不会选择自己的店进行选购。家具、门窗、墙纸的店面亦是如此。即使你自己觉得自己的店铺很好，没什么毛病了，还要用心观察顾客是否和你一样愿意进入你的店面。

店铺形象管理

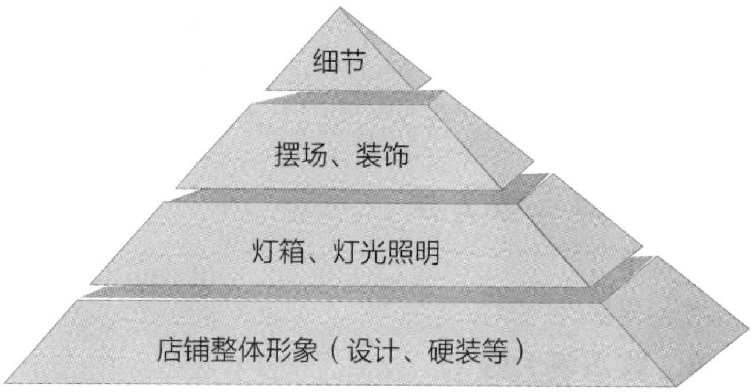

以人为本，“投形象小钱，赚市场大钱”！

如果答案是肯定的，那么恭喜你，请继续保持，你一定会越做越好；但如果答案是否定的，你就必须要对照店面形象金字塔仔细思考一下，看看有什么地方是可以优化、改善和提升的。

当然，我既不希望大家从来没有仔细看过自己的店，也不希望大家天天看，天天看会变得没感觉，保证最少每周一次的频率来做这件事儿是比较合理的。如果你自己还是没有办法找出问题，可以求助陌生人，比如神秘顾客，真正站在消费者的角度来帮你审视店面，真正站在买东西的角度来看一下你的店面。如果他表示愿意进店，那证明你的店面形象基本还是可以的，反之，就需要好好推敲一番了。

投形象小钱，赚市场大钱。生意做得好不好，主要看3点，一是有没有人愿意进店；二是能不能成交；三是能成交多少人。后面两点可以通过提高销售技巧和成交方法来完成。但是如果你的店面形象不好，必然导致进店这一环节存在硬伤，无人进店，再好的销售技巧和成交方法都是枉然。没人进店，你就输在了起跑线上。

在这里，送大家两句话：实力未知时，颜值决定结果；实力接近时，颜值决定结果。如果实力相差太大，当然还是看实力。但是如果实力相近，或者消费者并不知道谁的实力更强时，“看脸”就变得非常重要了。

2015 年上半年，国内一个男游泳运动员特别火。作为一名游泳运动员，他游泳并不是很厉害，处于国际三流水平，国内二流水平。但他为什么这么火呢？就是因为他有一张“讨人喜欢”的脸。虽然我不是一个看颜值的人，但是我一直提醒大家：让你的店面形象看起来美观“顺眼”非常重要。特别是在别人不知道你是否有实力的时候。

家居建材行业的绝大部分品牌都是业内品牌。什么是“业内品牌”？就是只要做这个行业的人都知道这些产品是怎么回事，但是消费者对此不了解。不像其他行业，比如服装、家电，买不买你都会听到他们的消息，耳濡目染一些相关的品牌和产品知识。家居建材作为一个业内品牌，消费者不了解、不关注，这个时候店面形象就变成了唯一的品牌和质量参考凭证，店面形象和产品如果呈现得好，展示得棒，消费者就会认定你店里的产品是好东西，好产品，好品牌。当你不能通过店铺的优质形象一举拿下消费者的第一印象时，他最终给你的回复往往是“我再考虑考虑”，所以店面形象至关重要！

营造购物氛围的四大要素

顾客停留时间的决定因素

是什么因素决定了顾客的停留时间？这句话通俗的讲法就是，顾客愿不愿意在你的店内待着？愿意待多久？做销售和终端管理经营的人都知道，“顾客越愿意在店内停留，停留的时间越长，我们成交的可能性就越大，给竞争对手的机会就越小”。可是，怎样才能让顾客愿意在店里待，还能待得久呢？总不能拿块砖头，拎把菜刀站在门口说“不买就别想走”吧？如果顾客是被迫留在店内的，那也是不可能成交的。那么，有什么方法能让顾客既愿意待又待得久呢？

在消费心理学上有个词叫作“购物氛围（店面氛围）”。可能大家天天都在说这个词。店面的氛围，会直接决定顾客愿不愿意停留，愿意停留多久。

哪些因素影响了店面的购物氛围呢？主要有四点：产品展示、人员状态、店面音乐、灯光使用。

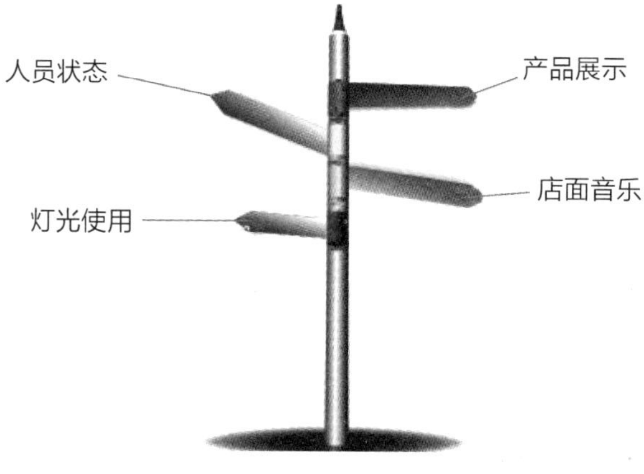

产品展示、人员状态大家可能比较好理解，但是音乐和灯光可能就让人费解了。一般人并不了解，平常大家也不太关注“音乐、灯光”这些事，但是在营造购物氛围上，这两点是非常重要的。究竟我们的店面氛围要营造一种什么感觉呢？从产品展示、人员状态到店面音乐、灯光效果都要让顾客感受到一种“如沐春风”的感觉。让顾客来到购物环境后待得轻松、待得舒服。试问：如果你到了一个地方感觉轻松、舒服，还会那么快离开吗？不会！反之，不轻松、不舒服的环境就让人待不下去。

比如说麦当劳、肯德基就不装wifi，为什么？因为有了wifi顾客就不想走了。它们店里的椅子也设计得比较矮，靠背很硬，坐起来不舒服，很难受，这是为什么？因为它们希望你买完、吃完就赶快走，于是人为制造了这种待起来并不轻松、舒服的环境。

如沐春风
是最好的店面氛围。

但家居建材的店面是需要顾客留下来的，因此需要营造轻松、舒适的环境，我们的顾客不是三两分钟就能成交的，成交时间一般在半小时以上，甚至更长，所以要不断营造一种“如沐春风”的舒适感，让顾客待得轻松、待得放松，更愿意多点时间停留。

产品展示

首先我们来讲一下产品展示。每个企业都有自己标准的产品展示模板、套路或硬性的要求。但这些模板、要求并不一定是从顾客的角度去展示，所以不一定能真正打动顾客，让他们产生购买的欲望并最终购买产品。

顾客如果不进店，那是店面形象有问题，但是顾客进店后，很快就离开了，那必然是店面氛围的错，而影响店面氛围的因素中能够决定顾客停留时间的，首当其冲就是产品的展示、空间的运用和软饰的搭配。

关于店面产品展示，有四大原则。

一、创新原则。

所谓创新，就是产品展示要新颖、独特。有句话是“总是被模仿，从未被超越”，我们在做家居建材产品的展示时，切忌人云亦云、千篇一律，因为如果我们不能从大众展示中跳出来，不能与竞争对手实现差异化，就不能营造出让顾客眼前一亮的感觉，也就不能吸引顾客做更多的停留。如果你是做家具或者是做对环境要求较高的产品品类，1 ~ 2 个月就需要将产品的摆场、店面的布置做一个相应的调整，至少换个位置，以免造成顾客和员工的审美疲劳。即使是做对环境要求不是很高的家居建材品类，如果能够对产品的展示进行有意识的调整和优化，对消费者来说都会耳目一新。

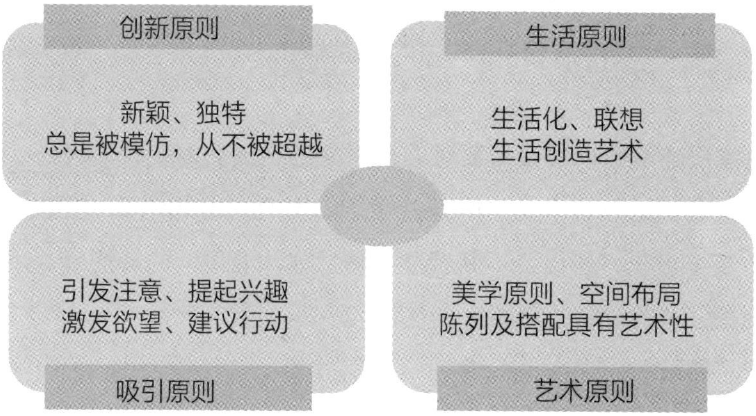

二、吸引原则。

所有的店面展示都有一个共同的目标，就是引起顾客的注意，引发顾客的兴趣，直至激发顾客想拥有产品的欲望。如果你的展品展示能从引起顾客的注意到提起他了解产品的兴趣，同时激发他购买的欲望，并能起到建议行动的价值和作用，那你就成功运用了吸引原则。让顾客在脑海中想象："这个产品如果摆在我家里会是什么样子""如果这件沙发摆在我家客厅里那该多好"，这样的产品展示就算成功了。

三、艺术原则。

所谓艺术，就是店面产品展示和空间布置遵循基本的空间美学原则。比如在空间配色、产品与饰品风格搭配、冷暖光源的选择、具体道具的选择与使用上，遵循美学原理，讲究艺术性与科学性。随着家居建材行业的发展、竞争的加剧和消费者审美要求的提高，基本上现在规模大一点、规范一点的品牌都会有全国标准的专卖店形象。

四、生活原则。

艺术很重要，生活更关键。在产品展示上只有艺术和美学是远远不够的，还必须要有“生活”。有这么一句话，“艺术来源于生活，又服务于生活”。在大家讲求艺术的时候，会说艺术比生活更重要，但是在店面展示的时候，恰恰相反，是生活比艺术更重要。过于艺术化，会让产品展示出现一个非常致命的问题：让顾客望而却步。顾客会觉得，你的店面展示很漂亮，产品也很漂亮，但是自己家的房子无论如何也没办法装成你展示的这个样子。如果你的店面展示、产品展示给顾客造成了这种不好的引导，你的成交就会变得很难。总而言之，店面展示在保证美观、艺术的同时，不能让顾客觉得“可望而不可即”。

顾客装修房子是用来住的，首要考虑的问题还是生活化、家庭化。看到你店面的展示他们会联想，如果这个沙发买回去放在自己家的客厅就会是这个样子，这个床买回去放在卧室，我在陪着孩子的时候就是这样的。顾客对生活充满了各种美好的想象，在装修的过程中他们的思维无法离开生活，所以在展示产品时以生活化、家庭化为主，更容易获得顾客的青睐。能够营造出生活化、家庭化的产品展示氛围是非常重要的，如果不能，其他的创新、吸引、艺术等一切就都是失败的，“生活原则”在这四个产品展示原则中高于一切。

什么叫家庭化？

下图是一个关于沙发的店面展示的照片。看到这张照片后，如果你是做沙发的，你能够将产品展示成这样吗？这张照片的目的虽然是为了展示沙发，但是同时搭配了书柜、鲜花、茶几、台灯、壁画、窗帘，还精心地为沙发上铺上了舒适的抱枕，一切都满足生活中大家对沙发应该存在的环境的想象，在营造出一种轻松舒适的家庭氛围之余还不失艺术感。这也是为什么很多人在逛卖场的时候，在有些店里一坐下就不想离开的主要原因，太舒服了，太像家了。所以一定要记住这句话："不能为产品加分，不能引起顾客美好联想的店铺展示，都是失败的。"

人员状态

很多人天天讲，"哎呀，我状态不好""我今天状态好"，我们整天都在讲员工状态好或不好，可你知道好的员工状态到底是什么样的吗？今天，我把它提炼成四个字，就是让顾客跟你接触时感觉"如沐春风"。

前面我也强调了，整个店面氛围要营造出一种如沐春风的感觉，其实，店铺的这种如沐春风之感在人员状态上体现得更淋漓尽致。

店面产品展示得好自然能给顾客提供一种舒适感，但是真正如沐春风的感觉靠什么来打造，靠什么来营造呢？就是我们员工的状态。我把这归纳为五大关键词：欢快、愉悦、微笑、诚恳、忙碌。

在这 5 个词中，你是不是觉得欢快和愉悦有点像？像不代表是，欢快更多是表现出来的。比如说，我们在走路的时候蹦蹦跳跳，这叫作欢快。如果我走路变得蹦蹦跳跳，看到的人就会说，"顾老师，今天你心情为什么这么好啊？"这只是看起来欢快。而愉悦则更多的是体现我们内心的一种状态，源自内心的快乐才能称之为愉悦。极少有人说某个人脸上很愉悦，一般都会说某个人内心很愉悦，也就是说要让我们的员工外在欢乐，内心愉悦。

如沐春风

欢快　愉悦　微笑　诚恳　忙碌

前段时间我写了一篇文章，讲了一个观点：建议在我们的终端经营或者企业经营中坚持“员工第一，顾客第二”的原则。为什么是“员工第一，顾客第二”呢？这个观点看上去让人分不清楚到底是员工重要还是顾客重要，到底谁更重要呢？这也是所有的企业和经营管理者争论不休的一个问题，既然有争论必然是各有各的答案，各有各的道理。支持“员工第一”的人觉得，只有好的员工才能获得顾客的满意；支持“顾客第一”的人觉得，有了好的顾客，有了顾客的满意，才会有好的员工。

我的建议是：员工第一，顾客第二。其实道理很简单，你想想，当员工满意了，顾客还能不满意吗？可如果你一味地追求顾客满意，而员工却不满意，长此以往，曾经满意的顾客到最后也就未必能满意了。所以，必须要让你的员工在欢快、愉悦的状态下去迎接顾客，才有可能获取顾客更高的满意度。

先把员工经营好，员工满意了，顾客满意自然也就不是问题了，这其实是水到渠成的事。一个状态很好的员工，一个对工作很享受、很愉悦的员工自然能服务好顾客。但是，如果一个每天被骂，经常被迫承担责任，经常被处罚的员工，你觉得他能非常欢快、愉悦地去服务好顾客，处理好销售，处理好手上的工作吗？平心而论，这很难。所以，要想在店面营造如沐春风的感觉，你的店员，第一要欢快，第二要愉悦，不仅是外在看起来欢快，还需要发自内心的愉悦。员工的状态是能被顾客感知的，欢快、愉悦的员工接待起顾客来，才能让顾客感觉到舒服，没有压力，也就能达到让顾客“如沐春风”的效果了。

在销售上最忌讳两点：第一有对抗，第二让顾客不舒服。在销售过程中，只要你让顾客感觉到一点儿不舒服，顾客就会立马想走。只要顾客感觉到我们跟他之间产生了对抗，顾客就想停下来，不再想继续推进了。所以，不管大家卖什么产品，做什么品类的生意，都要记住：只有让你的员工保持欢快、愉悦的状态，才能有效避免跟顾客之间发生冲突、对抗，避免让顾客感觉到压力和恐惧。

第三个关键词：微笑。微笑与欢快、愉悦貌似还是有些相同的意思，但是也不一样。生活中，不管大家是去买东西还是去办事，都会有这种心理经历。比如说去办事，只要办事的人看到你时对你微笑一下，你的心情是不是立马就轻松了？可如果对方绷着脸，或者脸上看不出一丝表情，你内心就一定会忐忑。同理，我们的顾客也是一样的，当一位顾客来到我们店里，他本身心里就藏着戒备，有着提防，一进店，如果看到绷着脸或者面无表情的销售员，他就会变得更戒备、更提防，销售员的面部情绪无形中给了顾客很大的压力，在这样的情况下，极容易使二者之间产生对抗，产生对抗后，顾客就会变得更有压力、更不舒服，自然就会想走。所以，没有“微笑”的店面，是很难留住顾客的。

第四个关键词：诚恳。有的人说：“顾老师，卖东西，哪有什么诚恳不诚恳的？”或者说很难做到诚恳。

卖东西能不能做到诚恳呢？有这么一句话，“知之为知之，不知为不知”。运用到销售和店面经营中就是，我们讲的一定要是实话。如果有些方面你确实不够优秀，是可以采取些小技巧来处理的。但千万不能欺骗顾客，别以为你欺骗顾客，他们感觉不到，自以为聪明的人往往才是真正的傻子。每一个顾客都有自己的判断，加之进入卖场前就有一定的心里提防，一旦感受到你的不诚实，顾客就会觉得被你欺骗了，转身就会走。而且，通常不会再进你的店了，连带他身边的亲戚朋友，也不会再去你的店里买东西了。所以，你的欺骗让你损失的可不仅只是一单生意。因此，一定要诚恳。

第五个关键词：忙碌。前面四个词一眼望去至少也是和“如沐春风”有些相关性的词，但是“忙碌”这个词，就让人有些摸不着头脑了，忙碌对于营造好的“如沐春风”的感受，会有什么帮助吗？

我想让大家想象一个场景：如果你是一个顾客，到建材市场买东西，想看看卫浴和马桶。这家店里一共有 4 个导购，你进去之后，一般会有一个导购接待你，那其余三个导购在干什么呢？大部分情况是这三个人在全程盯着你们两个人。你在被接待的过程中不管是面对这三个导购还是背对这三个导购，都会有一种怪怪的感觉，感觉自己像是动物园里被人观看的大猩猩，非常不舒服。为什么？因为有三双眼睛一直在盯着你看。

所以，让员工忙碌起来，让员工有事可干，不要让其无所事事，只能盯着顾客，盯着接待顾客的同事看，避免让顾客和同事感觉到不舒服。如果店里强制规定其他员工不要盯着被接待的顾客看，也会有适得其反的效果。人总有窥探心理，如果不允许“光明正大”地盯着，那我就“偷瞄”。对停留在自己身上的目光，每个人都是很敏感的，任何人都不希望被人盯着看，如果你去一个地方，往前走，感觉到后面有一双眼睛盯着你，估计走不了两分钟，你一定会跑，想要快速逃离这个让你没有“安全感”的地方。所以，店员这种“偷瞄”的行为只会让顾客变得更不舒服，只有让员工都忙碌起来，才能避免顾客“被众人瞩目”的尴尬，接待、交谈也会变得更加顺利。所以，让店员都忙碌起来，这一点是非常重要的。只有我们的员工都忙碌起来，都有事做，才不会盯着顾客看。

除此之外,“忙碌”还有另外一个好处，让顾客觉得我们家的生意好。我们家的员工怎么样？一个字“忙”。这说明，我们是通过提供服务创造价值来交换价值，交换我们的收入的，而不是求着你买。这就是我们讲的第五个关键词——忙碌。

综上所述，要想营造如沐春风的环境，欢快、愉悦、微笑、诚恳、忙碌这 5 点缺一不可。

我相信大家都有过在春天里，行走在阳光和煦的春风中的经历，踱着小步，悠闲自在的感觉使你就想让时间停在此刻，哪里又会想要走得更快，甚至是逃离呢？一点也不想走，为什么？因为实在是太舒服了，温暖、舒适、惬意。

我们的员工如果能够做到这 5 点，就能营造出这种如沐春风的状态，店员如此轻松、欢快，自然会让顾客觉得愿意待，不愿意马上就走。这就是我们讲的人员状态的 5 个关键词：欢快、愉悦、微笑、诚恳、忙碌。

店面音乐

据国外零售机构的统计，零售企业卖场音乐对最终成交的影响是 17%。不要小看这 17%，这是一个非常大的数据，是近 1/5 的销量。

音乐真的这么重要吗？大家回想一下，每年 1 月份，也就是春节前那段时间，所有的零售大卖场，包括沃尔玛、家乐福，它们会干一件什么事？

首先是将店面展示变得很喜庆，一进去看到的全是年货，大红的颜色是中国春节的传统颜色，是非常喜庆的展示。除了视觉上的冲击，还有第二点，竖起耳朵听，卖场里的音乐都变成了什么呢？全都是《恭喜发财》《喜洋洋》等这种喜气洋洋，过节氛围很浓的音乐。

对于大部分在外打拼的人来说，每天上班、到处出差，虽然临近年关，但是未必能一下子进入到过年的氛围当中，如果没有一些刺激，他们对过年是没有感觉的。可是，当他们进入商场，感受到商场的氛围，听到喜气洋洋的音乐，瞬间就被拉入“过年”的大队伍当中。要过年了，过年应该干什么呢？买年货呀！脑袋里走马观花，瞬间蹦出很多人，父母、兄弟姐妹、亲戚朋友，我该带点什么年货回去呢？只要萌生了这个想法，从商场出来的时候一般都不会空手。所以，这就是卖场音乐对销量的影响。

当然，好的音乐还可以营造出欢快、激昂、舒缓、轻松等氛围，所以卖场内的音乐对营造店面“如沐春风”的氛围是非常重要的。因为有的歌曲听起来你就想哭，曾经有人说过一句话，“下雨天不要听慢歌”。为什么？因为下雨天听慢歌会让你更悲伤，让心情更差。

所以音乐非常重要，它能给我们带来欢快、开心，也能给我们带来失落、忧伤。音乐如此重要，我们店内的音乐播放都是如何安排的呢？

大部分情况下，店面音响都沦为了店长或者是收银人员的个人播放器，想听什么听什么。这太恐怖了，如果说她心情不好，可能就会听一天《女人何苦为难女人》；心情好，可能选择听一天《喜洋洋》；过年时，听一天《恭喜发财》；喜欢周杰伦，就听一天《东风破》，全凭个人喜好。但我们应该清楚一件事，卖场的音乐是为什么而服务的？为店面的经营、终端氛围和最终的经营与成交而服务。

一般的店面，一天要经历三个环节：开店、早中晚、闭店，这 3 大环节的音乐该怎么把控呢？我们来简单讲一下。

开店应该放什么音乐？当然是激昂、欢快一点的，为什么？你睡了一晚上，早上起来后肯定不能马上进入状态，一开始状态就调整不好，那怎么行！早上员工的状态好不好，你观察他擦样品、打扫卫生的速度、拖地的节奏与频率就可以知道，很慢，效率很低。为什么？眼睛都还没有完全睁开，又怎么能全身心地投入到工作中呢？

可是如果有点激昂的音乐就不一样了，激昂、欢快的节奏，能立马点燃员工的激情，让他们快速打开身体，迅速进入工作状态。拖地、擦样品的节奏也会随着欢快的音乐而加快进行。所以开场、开店的时候，一定要听欢快、激昂一点的音乐。

早中晚可以把乐、曲交替播放。什么叫乐？只有背景音乐，没有歌词的称为乐。什么叫曲？有背景音乐，有歌词的叫曲。千万不要只放乐或只放曲。如果只放乐，太轻松、太舒缓，容易睡着。

如果只放曲，一方面显得不够高雅、不够有格调、不够上档次；另一方面，很多人会跟着哼唱，分散注意力，因此要乐、曲交替。

晚上闭店的时候放什么音乐呢？可以放稍微忧伤一点的，最后放一首《回家》。

开店放《喜洋洋》《超越》《中国节拍》。白天把民乐跟一些歌曲交替播放，为什么放民乐？因为在中国的任何一个省、任何一个市、任何一个县，只要放民乐，绝大部分中国人都是喜欢的。上面，是我之前给一个企业做咨询的时候为他们的店面做的音乐安排。

我简单做了一个示例，给大家做个参考。

店面音乐示例

开店：喜洋洋（纯音乐）、超越（零点乐队）、中国节拍（张学友）、步步高（景岗山）、策马奔腾（凤凰传奇）

上午：A.京调（民乐合奏）、金蛇狂舞、赛龙夺锦（中央民族乐团）、梅花三弄（纯音乐）、太阳升起（纯音乐）、湘妃竹（箜篌独奏）

B.奢香夫人（凤凰传奇）、醉美天下（凤凰传奇）、今天、旧情绵绵、高山槐花开、轻抚你的脸、她来听我的演唱会

下午：C.御龙归字谣（凤凰传奇）、爱你一万年、听海（张学友）、爱是永恒、如果这都不算爱、彩云之南、爱情海、刀剑如梦、最美的风采（周华健）

D.相信自己（零点乐队）、我相信（杨培安）、奇迹世界（凤凰传奇）、从头再来、超越（零点乐队）、中国节拍（张学友）、步步高（景岗山）、策马奔腾（凤凰传奇）

E.心的体验（纯音乐）、欢乐的田野（纯音乐）、放马山歌（葫芦丝）、山歌好比春江水（葫芦丝）、掀起你的盖头来（葫芦丝）、姑娘生来爱唱歌（葫芦丝）

晚上：F.让爱领舞（凤凰传奇）、星光、吻别、饿狼传说、你最珍贵、一路上有你、情非得已、回家（萨克斯、最后播放）

B、C两大类可交替使用

除此之外，我们还要注意有些歌曲是坚决不能放的。

第一，烂大街的歌曲不要放。满世界都在放的，你就不要放了，掉价。

第二，少数民族语言、小语种不要放。很多人说，我要放外文歌曲，我要放意大利歌曲，我要放法语歌曲，可是你也不想想，有几个人能听懂呢？还有钢琴曲和古筝曲，这些容易让人听着就睡着了，可以和其他

曲目穿插着播放，但不要一整天都是钢琴曲、古筝曲，那样就真的糟糕了。

第三，和宗教、信仰、政治有关的音乐，尽量不要放。

除了和宗教、信仰、政治有关的音乐，其他的歌曲都可以放。图片中的音乐曲目只是给大家做一个参考，白天很多音乐都是可以交替播放的。

需要特别强调的是下午 1 点到 3 点之间，不要放太舒缓、太慢的歌曲，为什么？刚吃完午饭，容易犯困，本来状态就不好，舒缓的音乐会把你最后的一点点状态也消磨掉，那你的店员就不是昏昏欲睡，而是真的就直接睡过去了。所以放音乐这事儿很讲究。

如果我们音乐放得对，顾客在店里面就会感觉轻松、舒服、自在；如果放得不对，顾客进来就想走。

给大家讲个故事。2014 年的冬天，我去济南出差，跟几个朋友一起去吃饭，银座边上有一家安徽菜馆，外面装修得非常好。看形象这么好，我们就进去了，这也印证了好的门面装修能帮你解决进店的问题。

可是当我们进去坐下来后，就有点蒙了。背景音乐竟然放的是《女人何苦为难女人》。当时是晚上 6 点半左右，我们几个男士坐着吃饭，听着一曲又一曲的《女人何苦为难女人》，那感觉现在我都不敢回想，非常别扭。

我们公司边上有一家小餐馆，有时候会去那里吃早餐，可是它每天早上播放的歌曲都特别忧伤，边吃早饭，边听这店里的歌曲，搞得一大早心情就不好。

这些都是生活中的小细节，只要你认真体会，站在顾客的角度设身处地地去听，去感受，就会发现，店面播放的乐曲，对营造具体的感觉是非常重要的，好音乐能够让顾客愿意停下来，待下去。

过于激昂、过于激烈的音乐，会有种赶顾客走的意味。在和顾客谈单的时候，店内的音乐声音尽量小一点，不宜放歌曲，纯音乐最佳。因为，这个时候的核心是谈单。

灯光使用

接下来我们看一下营造店面氛围的另外一个因素。音乐之后，自然要考虑灯光。对于家居建材行业的老板或经营者来说，即使不能把灯光运用得科学，有艺术感，也必须解决一个问题：亮度要够，灯一定要开。

很多老板觉得这几年家居建材市场不景气，生意不太好，平时就把后两排灯先关了节约成本，有顾客来的时候再打开。如果顾客来了，往前走时，听到你一路啪啪开灯会是一种什么感觉？肯定是特别不爽。

我给大家讲一个我朋友的故事。前几天有个开瓷砖店的朋友，说生意不大好，让我去他那儿看看，我就答应了。他的店是按最新的形象店装修的，非常漂亮，花了一百多万。我进去之后，往里面走，有两个导购一个从右边一个从左边，依次把里面的灯全部打开。我问道："你们平时也是这样吗？有顾客来才开灯？"他们回答我说："有顾客来的时候，看到哪儿我们的灯就开到哪儿。"

试想一下，如果你是顾客，进入一个店后，看到员工是你走到哪儿才把灯开到哪儿，你不看的地方就不开灯，你还会进去吗？进去后你还愿意待吗？一眼望去，整个店里黑漆漆的，像倒闭了一样，谁还愿意在这里买东西？所以我才会讲，对我们这个行业的经营者来说，即使大家不能把灯光运用得科学、艺术，至少也要让店面看起来通透、明亮。当然有的小品类，需要刻意营造那种昏暗的氛围，那是可以的。但是，说实话，如果消费者第一次进入一个不熟悉的地方，暗的环境会让他觉得没有安全感。

说到这里，我再给大家讲个笑话。

我有个开眼镜店的朋友，他的眼镜店开在昆明云南大学附近。有一天下午他坐在店里，有个学生进来要配眼镜，还是个女孩子。配眼镜，首先要验光。配过眼镜的人都知道，很多人配眼镜需要暗室验光（就是在一个没有灯光的环境里面验光），这样验出来的结果比较准。我那朋友就带那个女孩进了验光室。进去之后一连串的动作把女孩吓坏了。刚进去，他就把遮光帘一拉，然后自己坐下，咔，把灯也关了，紧接着就对那女孩说"坐下"。你想，这个女孩子还能坐下吗？女孩吓得直接拉开帘子，撒腿就往外面跑，打死都不回来了，为什么？太吓人了！

也许你一直觉得自己店里面没那么黑、那么暗，但是我想提醒大家，不管你觉得如何，如果店里开的灯连最基本的照明都不够，顾客一般都不愿意进去，即使进去也不愿意往里面走，自然也就留不住。一方面，没有安全感，恐惧来自未知，让顾客对你的店望而却步；另一方面，昏暗的灯光给了顾客一种异样的讯息，"这个老板是不是干不下去了，生意要倒闭了，灯都不开，要清场走人了吧？"

老板做生意，算的是大账，应该少算这种斤斤计较的小账。该省的地方省，不该省的地方绝对不能省。就像我那个做瓷砖店的朋友，店面花了一百多万装修得"高大上"，就因为要省几度电而完全不能发挥其应有的效果，聪明的人一定看得明白，他究竟有没有省下钱。

所以，第一，灯一定要打开；第二，合理利用灯光。什么叫合理？灯光要为营造店面氛围和好的产品感觉服务。

例如，同样是将灯光照在产品上，直射就没有斜 45 度打下来的灯光效果让人觉得舒服。如果不信你可以亲自去看一下。就拍照而言，不管你拍什么照片，只要是需要打灯、补光的，基本上都是斜 45 度补光，为什么？因为在这个角度打灯，才能让被拍的物品看起来最舒服、最自然。

打在店面产品上的光也是如此，店面灯光的使用，首先要保证照度，该开的灯一定要开。其次要注意冷暖光的使用。暖光，可以使氛围更温暖、轻松，但如果想要体现出产品"高大上"的感觉，冷光灯就是营造"高冷"的利器，因此，店面的氛围好不好，灯光也是非常重要的。你的产品再好，人员状态再好，音乐用得再合适，如果走进去昏昏暗暗，不知道的还以为走到了夜场，那你就完了。

这一节，我们讲的是从店面的产品展示，到人员的状态，再到如何通过音乐、灯光的使用来营造轻松、愉快、自在的店面氛围，让顾客待着舒服，有一种“如沐春风”之感，愿意更长久的停留。

2.3
利用店铺细节吸引顾客

店铺细节管理的最高境界

关于店铺细节管理，很多人跟我说：“顾老师，这事儿太简单了。”店铺的细节管理有很多，我所说的细节要求指的是“干净、整洁”，很多经营者认为，这两个词是能够轻松搞定的。

那么，这两个词简单吗？简单，因为这是对所有店面环境的最低要求。什么是最低要求？最低要求就是再差也要做到干净、整洁，可是这同时也是最高要求。就和一个人穿衣服一样，穿衣服干净整洁是最低要求，但同时也是最高要求，再好的奢侈品都有人买得起，可并不是所有人都能保持时刻干净整洁。

店面也一样。如果一个店面做完了硬装，摆好了产品、饰品，可能生意就算开始了。但是，除了标准的硬装、灯光、产品、摆场、饰品之外，还需要干净、整洁。很多人觉得“干净、整洁”很简单，但做的时候不一定能够做好。比如，一个店面装修得很好，但是卫生不太好，细节做不到位，那么，顾客就不会觉得你是个高端、大气、上档次的大品牌。

举个生活中的例子，国内一些五星级的酒店，他们对硬装都有很高的要求，甚至对瓷砖品牌，床单、床品品牌，地板、地毯品牌都有严格的要求。基本上所有的五星级酒店的房间都差不多，硬装几乎没有什么差别。但就“干净、整洁”这两个词来看，差距立马就体现出来了，有些酒店进去感觉就很舒服，非常干净，一尘不染，可以说是每个细节做得都非常到位。有些酒店虽然也是五星级，住起来却让人非常难受。有一次，我在一个五星级酒店的枕头上发现一根头发，而且看起来还是一根女人的头发，我入住时已经是晚上了，所以总感觉这事儿不太舒服，后来打电话重新换了一套床品。可即便如此，晚上睡觉也感觉怪怪的，心里总是有点小别扭，这种感觉很不好。

店铺细节管理

细节要求：干净、整洁

所以，硬装很容易做到，但是软性的、细化的东西想要做好不太容易。“干净、整洁”这是细节管理最低、最简单的要求，同时也是最高的要求。

从下面的照片中我们可以看到，一张床上面放了一个床头，好好的床为什么要放个床头呢？店员说，床卖掉搬走了，但是床头不合适被留下来了，没地方放，就只能先放在上面了。如果你是顾客，这个床你会考虑吗？当一个风格完全不搭的床头和很多装饰品摆放在床上的时候，你的床品、床垫都显现不出来了，看起来不够整洁，布置得非常零乱，即使是一万多块钱的实木大床也很难激发顾客的购买欲望。所以，大的方面都容易做到，恰恰是这些小细节影响了我们的形象，影响了顾客对我们的感知和印象。

很多店在刚装修的时候都做了非常漂亮的灯箱、门头、样品，可是时间长了之后，老板基本上每天考虑的都只有一件事情，就是“卖货、卖货、卖货，成交、成交、成交”。而这些东西其实影响着顾客的进店，甚至是最终的成交。

门头破了没人修，灯箱坏了没人换，宣传资料非常旧，卷边翘角。而且，很多店面“十一促销活动”的广告，到 11 月份的时候，依然没有撤，因为老板觉得，有总比没有好。这是什么逻辑？留，就要留合适的，不合适的留着干什么？所以门头、灯箱、样品，都需要持续调整，持续保持干净、整洁。

很多店的样品都存在一定程度的破损，因为老板总是觉得差不多能看就行，所以一直没有进行修补或更换。我举个未必恰当的例子，你相亲的时候是比平时打扮得要好还是不如平时？答案显而易见，我相信所有人在相亲的时候，一定都比平时打扮得更精致、更精神、更漂亮、更帅气。那么，卖东西的时候其实就相当于相亲时，打扮得更精致、更漂亮、更帅气，对方才会感兴趣，才会更有感觉。所以不要觉得样品残次、样品破损、样品有污损，可以无所谓。

我希望所有人看到这里后回去检查一下你的门头、灯箱、宣传资料、样品等，如果有破损、污渍、残次的，马上进行更换。特别是样品，因为在顾客看来，如果摆出来的样品都是残损的，那我还能指望你送到我家的产品有多好吗？顾客一旦有了这种想法，就很危险了。所以样品一定要保证最好，就算你的店面不赚钱，甚至是亏钱，也一定要快速地把残损的样品处理掉。

大部分的经销商，对于稍有残损就换新样品的态度是有一点抵触的，因为他们认为，当样品还能用、还能看时，我为什么要花几千块钱，换一个样品甚至是一批样品呢？比如，床、衣柜、门窗等大型家具，一件样品至少一两千元，很多人觉得可以凑合着用，凑合着看，不仔细看是发现不了问题的。可是，如果顾客仔细怎么办？

所以大家的灯箱、门头、样品、广告材料、宣传资料一定要持续检查，不断完善，不断更换。如果有，一定要是最好的。如果大家过期的广告宣传还没有撤，那就赶紧撤掉吧，因为宣传是有时效性的。

细节管理最重要的是样品的整洁、干净、持久如新，如果你有残次的样品，奉劝你快点换掉，早日换掉，多做一单生意，什么就都回来了。否则，顾客极有可能因为一个样品，放弃了你的床，放弃了你的衣柜、橱柜，甚至是洗漱台。所以一个样品可能会影响一个店的产品展示。

用细节不断赢得顾客的欢心

我给大家看两个店面细节的照片。

动辄成千上万块的衣柜放置成图片上的模样，还有价值感吗？顾客还会有看店里其他衣柜的欲望吗？完全没有欲望可言。

书桌上有一个一米多高的绿竹（也叫富贵竹），很多人都喜欢它，所以很多店里也都会养绿竹，因为绿竹对店面氛围软环境的营造是有好处的。可是，把这么高的绿竹放在写字台上，就让环境显得不干净、不整洁、不通透。同时，违反了我们前面说的，店面的产品展示要生活化的原则，因为谁都不可能把一两米高的绿竹放在将近一米高的写字台或书桌上，而且，如果小孩子不小心碰到，竹子掉下来很容易打到他。

店面样品的展示放在过道，就违背了我们所说的干净、整洁。样品如此放置让人感觉很不好，不仅仅对该产品没有欲望，而且对其他相关产品、周边产品，都不会再有欲望。为什么？因为实在影响观瞻，甚至有碍观瞻。

接下来我们再看下面这四张照片：

第一张照片，是一个抽屉。我在给这个企业服务时，打开抽屉后发现边上有小塑料袋，塑料袋里面是员工中午吃饺子的辣椒蘸料。我不管大家中午吃什么，晚上吃什么，但你吃完了把它放在了衣柜里，而且是高端定制的衣柜里，顾客会怎么想？即使三五万元的产品，折价 3000 元卖给我，我都会犹豫。

第二张照片，实木定制衣柜，非常高端，单价基本保持在 10 万以上，甚至更高。这家店主营全屋实木定制，定位虽然高端，可在店面陈设上，拥挤不堪，随意放置。

有一次，我去一个店面做服务，导购很客气，为我们端上来一盘杏。本来很开心的事情，可我仔细一看，发现杏上全是黑点，而且氧化变质了。幸好我不是你的顾客，不喜欢，我可以选择不吃。可如果是你的顾客，看到这么好的店面，端出来的水果是这样的，顾客会怎么想？如此，就不是不吃水果的事情了，而是影响生意。

所以我反复强调，店面细节的营造和管理，看似非常简单，其实非常难，我们必须持续做好四个字“干净、整洁”。如果你能把这个最低要求，同时也是最高要求持续做好，那么，顾客的体验、感受就会很不一样。

我们走进瓷砖店或者卫浴店，发现产品很好，都是进口的高端产品，可是，如果在你讲解的时候，摸过样品的手上全是灰，顾客会怎么想？这种体验，就好比我们去了一个硬装条件很好的五星级酒店，但在窗台、洗漱台和镜子上一抹全是灰，大家会质疑酒店是怎么拿到星级的。所以，对于好的产品和品牌，顾客对细节的要求越高。即使你的定位不是高端品牌，但如果你把店铺的干净、整洁做好，你在顾客心目中的形象也是不一样的。

我曾到一个做陶瓷的朋友的店里做客，到之后发现，他家孩子经常到店里玩，小孩的书包、衣服扔得到处都是，当时我就在想，这是店还是家？家，因为相对比较私密，可能稍微随意一点，这可以理解，可这是谈生意的环境，卖东西的场所，顾客是来体验产品、感受服务的。我问他生意怎么样？他说不好。

我们先不谈你的销售，不谈你的人员是不是专业，团队是不是够厉害，仅最基本的店面形象和环境管理就有很多事要做，有很长的路要走。我告诉他，孩子可以来，但是来了之后东西要带走，千万不要扔得到处都是。

我经常出差，很多人问我对住宿有什么要求？一是安全，二是环境干净，因为不是所有的四星级、五星级酒店都能够做到干净、整洁。所以，店面环境干净、整洁，是细节管理的最低要求，同时也是最高要求。如果你的竞争对手做到了干净、整洁，感觉一定是不一样的，那么你在服务上就已经输了。

2.4 制订店铺最佳库存量

利用大数据备货、订货

产品的选择与备货

家居建材行业的品类很多，有的品类可能对产品管理的要求没那么高。比如，全屋定制对产品管理的要求就不是特别高，因为你全是定制的，不存在备货。但也有很多品类需要有库存，需要备货，需要做销售管理，需要做库存消化，比如壁纸、墙布、瓷砖、成品家具等，这些产品都需要考虑备货。如果一开始选的货不合适，那就失败了一半，没选好产品跟没选好店面位置是一样的，除了有好的店面位置外，还要有一手好的产品。

那么，我们该怎么备货，或者怎么订货呢？可以概括为 16 个字。基于数据、兼顾市场、加强交流、信息共享。不管你是新开店，还是年底或节假日备货，你备货的量都不会太少。那么，这个时候应该备什么货呢？

举个例子，有的工厂有一百多本壁纸、一百多本墙布，其中能有几本卖得好？答案是，不会超过 10 本，那这 10 本的数据怎么来？一个工厂能够生产的沙发大约是 60 ~ 80 套，但是其中好卖的有多少套呢？答案是，不会超过 5 套，可是一个店里面不能只卖 5 套沙发，那到底怎么选呢？瓷砖、卫浴等也面临着同样的问题。

店铺产品管理

备货

基于数据　兼顾市场
加强交流　信息共享

基于数据

数据从哪里来呢？主要来源于三个地方：一是同期其他城市的销售数据；二是过往的销售数据；三是同城竞争对手的销售数据。再专业的人也不能把所有的东西看明白，什么最科学？数据最科学。什么最客观？数据最客观。我们在订货的时候选择订什么产品，一定要根据销售数据来。

如果这个产品去年同期卖得好，今年上半年也卖得好，那下半年、明年也差不到哪儿去。产品不可能“来一阵风，去一阵风”，因为家居建材行业不是快时尚行业。服装就属于快时尚行业，做服装订货，对时尚的前瞻性和把握程度要求就比较高，每年 10 月份、11 月份，就已经开始在订来年的秋装、冬装了，也就是说，服装行业对时尚的把握要有前瞻性。但家居建材行业不需要，最重要的是你必须根据数据，来决定产品储备。

兼顾市场

同样的产品，可能在北京卖得好，那么石家庄是不是就一定卖得好？不一定，你还需要考虑一下石家庄的基本情况。如果在石家庄新开一个店，没有数据、没有参考，怎么办？教你一个小技巧，看竞争对手。

当然，直接去问竞争对手，他肯定不会告诉你。你问他：“你这个品牌一年业绩多少？大概哪些风格、哪些款式能卖得好一点？顾客喜欢哪种感觉的？”在你成为他竞争对手之前，他可能还会跟你聊聊，现在他肯定不会告诉你。怎么办呢？找内部人士问，或者频繁去看、去调研，多去几天，基本上你就能知道他的哪些风格、哪些产品顾客更喜欢，这就是兼顾市场。在中国，南北是有差异的，在大区域卖得好的产品，在某些地方不一定百分之百卖得好，因此，要考虑一下市场的具体情况。

加强交流

什么叫加强交流？一个工厂不可能只有你这一个经销商，一个品牌也不可能只有你这一个门店，你跟其他门店、其他城市的经销商多交流，特别是跟你同类的城市，比如都是三线城市、都是四线城市、都是西部地区、都是华南地区。对你来说，他卖得好的，你卖也差不到哪儿去。如果他一点都卖不动，我劝你也不要轻易尝试，这是大数据的结果。

信息共享

除了加强交流之外还要做到信息共享，这两者之间存在一定的关联性。信息共享不仅仅包括经销商之间的信息共享，也包括工厂和经销商的信息共享。我曾为某家居公司做顾问，当时公司每个季度、每个月都会做全国各个大区的产品销售排名，然后把主销产品包括配饰产品的前十名和后十名，一起发给各个终端专卖店。终端专卖店了解后，便知道下个季度、下一年需要备什么货。所以，这就叫信息共享，工厂和经销商之间的信息共享尤为重要。

让产品展示足够吸睛

产品选择能够解决你成交的很多问题，不只好的店面具有自我展示能力，好的产品也具有自我成交能力。什么叫产品自我展示能力和自我成交能力呢?

我们想象一下自己去逛街的场景，有时候，我们看到一件衣服挂在橱窗里，穿在模特身上，一看那个版型，一看那个模特，就想穿在自己身上一定好看，就想买。这就叫产品的自我展示和自我成交能力。

不管你做什么品类，也不管你做什么品牌，好的产品都可以做到这一点，那就是能够自我展示、自我成交。如果有好的产品，对导购或销售人员来说就会轻松很多，并且能事半功倍。但如果产品不好，靠导购或销售人员强推，需要深度挖掘卖点，探究需求，就大大增加了销售难度。

既然做好产品的自我展示和自我成交，就可以让生意更简单，为什么还要用复杂的方法呢？比如，标准化的瓷砖、卫浴、家具，甚至包括墙纸、墙布，拿到好产品，就会让你后面的经营显得更加轻松。这就是我们说的备货，备货之后就是卖货，这就会涉及我们所要讲的第二个问题——产品的销售管理。

销售第一，利润为王

数据管理

基本上，很多经销商是不考虑数据管理的。我有一个朋友在西南有一个大约2万平方米的卖场，有一次我跟他聊天，问他一年卖多少钱啊？他说，没算过。我说你怎么可能没算过，这么大的卖场？他说自己不做流水账，也没有标准的财务制度，送货单在送货完成后就扔掉了。他知道大概的利润，用跟工厂进货的货款乘以毛利率，就可以算出一个大概的利润。

我当时很惊讶，但后来发现，其实很多经销商基本上都是这样，没有基本的数据管理，也没有基本规范的产品管理。做生意完全是凭着感觉来的，如果产品好卖，就多进一些；不好卖，就少进一些。

未来一定是“单品牌多店”或者是“多品牌多店”，随着店面增多，产品销售量会越来越大，如果连产品的动态、出样分析、产品的销量排名都不做，未来备货、进货、产品调整的时候怎么办？凭感觉吗？大部分的感觉都有可能欺骗我们，只有数据不会欺骗我们，只有纯理性的东西不会欺骗我们。因此，基本的销售分析、产品分析和销售管理一定要有。

产品销售管理

产品分析

产品不可能一直好卖，因此我们的产品分布和分析就显得尤为重要。有的产品是用来看的，不是用来卖的。比如，国内某品牌的一个软床，很多人都模仿，因为大家都觉得那个产品好看，但是我们发现那个产品基本卖不出去，为什么呢？因为那个产品是用来看的。正如，我们觉得有些人很漂亮，但不太适合做太太一样，因为只适合远远地看着。

产品也一样，有些产品是用来看的，而有些产品，虽然不好看，不一定那么炫目，但是比较实用，所以好卖。有些产品不一定很好看，也不一定特别好卖，但还是要卖，因为它毛利高。有的产品全世界都在卖，你不卖行不行？不行。因为如果你不卖这个产品，别人会觉得你这个品牌不靠谱。有些产品不一定赚钱，但还是要卖，因为你需要用这种产品来冲击市场，比如说沃尔玛、家乐福，它卖白菜不一定赚钱，但是这么大的卖场，能没有白菜吗？必须得有。卖鸡蛋不一定赚钱，但是鸡蛋你能没有吗？所以，有的产品是用来搭配产品线的完整程度的。因此我们就要进行产品分析，做到量利结合，产品中，有一些是跑量的，有一些是赚钱的。

做产品分析时我们会发现，产品可以分为：畅销款、滞销款、跑量款、形象款等。畅销款，销量很高但不一定赚钱。基本上每个品牌都会有一两个单品是卖得很好的，但是利润也低，这种产品不能停掉，一旦停掉就会影响你整体的销量。

形象款，既不畅销、又不赚钱。虽然很好看但是卖不出去，基本上所有厂家做专卖店的时候都会把一款非常好看的产品放到店面展示的最佳位置。比如，家具店一进门的位置，或者一进门右手的位置。这两个位置的产品大都是用来看的。这个产品卖得很少，虽然大家都觉得挺好，但是放在家里可能不太实用。以前面提到的某品牌软床为例，这是一个非常漂亮的大圆软床。想象一下，如果那个圆床放在卧室里面，你的卧室至少要有 40 平方米，因为圆床肯定不可能靠墙放，需要放在中间，而很少有家庭具备这样的空间。类似这样的产品就叫作形象款。

有的产品是滞销款，基本卖不动；有的产品是跑量款，利润非常低，但是量很大，比畅销款量还大。有的产品是利润款，这种产品只要能卖就行，200%甚至更高的利润都有可能。因此，我们一定要做分析，产品要有组合，一个店里面不可能都只有畅销款，或者只有形象款，至少形象款、畅销款、跑量款等都是要有的，如果缺少其中一种，产品的完整性就会受到影响。

选择再好的产品，再好的产品组合，总有一些产品没那么好卖，那么持续做产品分析能解决什么问题呢？让好卖的产品更好卖，让不好卖的产品变得好卖一点。做产品分析，要考虑量利结合，持续挖掘卖点，做销售组合，包括调整位置、调整销售政策等。

一个 300 平方米的家具店或者沙发店，最后转角的位置肯定是最差的，基本上没有人走到那里，即使走到那里也是一带而过，所以放到那个位置的产品基本上都会成为滞销款。但是，再差的产品，如果你能放在店面里展示，那么也不会差到哪儿去。所以通过位置调整，挖掘卖点，销售组合，是可以让一些不那么好卖的滞销产品变得好卖一点的。

价格管控

我相信大部分经销商可能都没有仔细考虑过，什么叫“销量第一，利润为王”。对销售人员来说，他们靠销售活下去，有成交才有提成。可是，经销商靠什么活下去呢？靠利润活下去。卖得多和赚得多，不是一回事。卖得多也有可能亏得越多，赚得越少。所以对经销商来说，利润才是最重要的。

要想控制好利润，就必须进行价格的管控。通过提高营业额或者改变进店率，来提高 5% ~ 10% 的纯利，这是难度比较高的事情，但是如果通过价格的管控，提高 3 ~ 5 个点的纯利，那就变得相对容易了。只要价格管控稍微严一点，利润马上就能提升。

价格管控的核心在于：折扣设定，纳入考核。我相信绝大部分经销商和终端店面的经营管理人员对折扣都没有划线式的管理。以服装企业为例，我们对某品牌某季度的折扣考核是 87 折，为什么是 87 折而不是 85 折呢？因为那是纯利点，超过成本之上的纯利。如果，你遇到熟人，以 6 折的价格卖出去，或者送她一件衣服，这都是可以的。但到季末进行考核的时候，公司会计算你的折扣是不是低于 87 折，每低一个点是有惩罚的，每高一个点是有奖励的，这就叫统一划线式考核管理。但我相信家具建材行业还没做到这一点，为什么呢？因为毛利高，可以折腾，可以乱来。但是，我建议大家都可以考虑对折扣进行划线式管理，这不仅仅是控制你的利润，更重要的是提高利润。

基本上每个店都会有一个可以成交的折扣范围，比如 8 ~ 85 折、7 ~ 8 折，凡是有折扣范围的，绝大部分都是以最低价成交的，甚至更低，为什么呢？因为销售人员的决心不够、信心不够、坚决度不够，自然是一步步退到了底价，所以一定要设定折扣线，并作为终端经营管理人员的考核指标。店长考核什么？不仅仅是销量，还要考核利润，考核价格。因为对经销商来说，销量固然重要，但利润更重要。

不管是正价销售，还是促销折扣、员工福利，作为老板，只需要按季度或者月度进行考核就可以。不用特别关注个别卖得很低的折扣，只看最终汇总是否达到 85 折的绩效线就可以了，这就是价格的管控。价格管控是保证利润最重要的一个环节，因为如果这个地方没有控制好，有可能卖得多，但不一定赚得多。

坪效提升，如何让产品组合更合理

有这么一句话，“没有绝对的滞销，只有绝对的不重视”。这句话是什么意思呢？不管卖什么产品，只要你足够重视，你的产品慢慢就会流转起来。如果你在终端做过销售或者直接接待过客户，就会发现，一个产品如果好卖，你就会更有信心，在做产品讲解的时候就会讲得更流畅、更有感觉，也更容易打动顾客。然后，这个产品慢慢地就成为畅销产品。

但是，如果一个产品不好卖，你就会减少关注，因为你关注的少，所以就更不会讲，不会讲就会导致更不好卖，这个产品最终自然就会成为滞销产品。

产品经常会呈现明显的两极分化，好卖的产品更好卖，不好卖的产品更不好卖。很多员工在讲一款滞销产品时，甚至连最基本的卖点都讲不出来，为什么？因为不重视，觉得这个产品不好卖，研究它干什么。但是，之所以不好卖，恰恰有可能就是因为我们对它研究得太少。所以，建议大家在做产品分析的时候，把一些滞销产品和不那么好卖的产品拿出来让销售团队多做卖点研究。

如果是墙布、壁纸这种小品类的产品，一个星期可以研究两个产品，如果是做大品类的，一个星期可以研究一款产品。再好的产品组合与产品分析，总会有一些产品不好卖，对不好卖的产品，可以组成四五个人的小组，用一个星期来研究它的卖点，研讨它的好处。当你研究之后，会发现它也有打动人的地方，有很多卖点。当你爱上它之后，你跟顾客讲出来、展示出来，是不是就更能够打动顾客？通过这种方法，滞销的产品就会变得没那么滞销。

我们在做产品分析的时候，如果没有畅滞排名，不对滞销品做提升，不把畅销品卖得更畅销，那么，你单位面积的产值（每平方米的效率）便会打折扣。这就是我们讲的产品管理的另外一个话题：店面坪效的持续提升。

店铺坪效提升

畅销排名　　滞销排名　　及时流转

没有绝对的滞销，只有绝对的不重视！

一个 200 平方米的店面，一个月的租金低则几万元，高则十几万元，如果产品卖得一般，你的压力就会比较大。压力大不是因为你的畅销款不畅销，而是你的滞销款太滞销。这时，如果保持住你的畅销款，而把你的滞销款变得畅销一点点，一个月增加 3 ~ 5 万元的营业额，你就会发现店面坪效提升了，单位面积的产值提高了。

对于家居建材的专卖店来说，提升店面坪效的办法之一，就是对产品结构进行调整，对滞销产品进行挖掘和研究，让滞销的产品不那么滞销是提升店面坪效最有效的手段之一。

店面坪效必须通过产品来改变，产品结构如果合理，滞销产品变得不那么滞销，慢慢地，店面坪效就会得到持续的改善。均摊下来房租就会变低，经营优势就会更明显。所以，店面坪效提升的核心在于我们对产品的优化和对滞销产品的持续提升。

对于一些即使挖空心思之后依然滞销的产品，我建议大家及时做流转，什么是及时流转呢？就是淘汰掉，换个产品。比如，不好卖的服装，服装店肯定宁愿把它放到库房里面，也不会让它占着店面的位置卖不出去。因为不管是沙发、家具、门窗样品，还是其他样品，摆放一个，就会占一个展示位置。摆放了A就不能摆放B，摆放了B就不能摆放C，这叫机会成本。

所以对此类产品，要及时流转，寻找更合适的产品。例如，在其他区域、周边店或者是竞争对手卖得好的产品，都可以进行尝试。如果你没有东西可以参照，那就参照竞争对手的，还是那句话，“没有绝对的滞销，只有绝对的不重视”。如果我们持续做产品分析、产品优化，坚持进行产品的流转，那我们的店面坪效一定会得到持续提升。

存货可以这样卖

如果你是做定制产品的，那肯定没有库存，但如果你做的是相对标准化的产品，那一定是有库存的。为什么？因为我们为了迎接销售高峰（五一、十一、双十一、春节等）和正常的销售，都需要提前备货。可是万一货没备对，产品分析失效，就会产生库存。如果销售不如我们预期地那么好，也会产生库存。产生库存不可怕，怎么处理库存才是重点，应该怎么处理呢？

如果你的销售人员在销售的时候，有多款产品可以选择，你推荐什么产品？很多人的答案是，推荐单价高的，毛利高的。错！正确答案是卖有库存的。如果你有库存的产品，那么，就需要优先考虑卖库存的产品。因为，你的钱只有流转起来才会变成更多的钱，如果放在仓库只能贬值。家居产品，放两年之后只会更便宜，不会更贵，除非你多放几百年，放成古董。

所以，日常的管理、持续的关注就显得很重要，包括合理备货。什么是合理备货？我们肯定要备货，但是不要多备，够卖就好。同时参照前面所讲的，多交流、多看数据，这都是日常管理。如果已经做了日常管理，依然卖不出去怎么办？按常规套路消化不完怎么办？下面这三种方法可以帮你解决难题。

活动消化。做活动的时候，用哪款产品来做活动，就为促销库存产品做活动可不可以？也是可以的。这也是我们通常做促销、做活动的理由——处理库存。

搭配销售。不管是做活动还是进行日常销售，可以将产品做成套餐进行销售，这就是搭配处理。

销售激励。如果价格管控得比较好，有的单品是可以单独制定销售激励政策的。比如，床垫有库存，除了正常提成之外，多卖一张床垫单独奖一百块钱，这就是销售激励。甚至在库存产品上，改变绩效考核点数也是可以的。有动力、有激励，员工才会愿意花心思去研究，只要他花心思去研究，总能找到产品的卖点。

如果活动消化、搭配处理都不能消化库存，那就需要我们制定单独的销售激励政策，可以是短期的，也可以是持续的。也就是说，当库存产品达到一定数量，提成可以提高一点，让员工有动力。因为库存产品一定不是特别好卖，要让员工把不好卖的东西卖出去，他就需要付出更多的努力，花更多的心思，所以销售激励多给一点也是可以的。

如果库存太多，活动消化、搭配销售、激励政策都尝试之后，还是卖不出去怎么办？我给大家一个建议，可以做专场促销——专场的样品促销或者是库存促销。但是尽量不要在你的专卖店里面做，如果你在卖场，可以把这些产品放在卖场的中厅做，这样卖起来更方便，同时不影响正价产品的销售。

如果把打折的产品放到店里面和正价产品一起卖，那么，不仅正价产品卖不出去，特价产品也卖不出去。因为，来看特价产品的人会觉得，打折的东西不如正价的好；来看正价产品的人会觉得，同样是你们家的东西，为什么有的那么便宜，有的这么贵？是不是迟早都会打折？那你现在就给我打个和特价一样的折扣我就买了。

所以，如果你要做库存处理的促销活动，建议大家单独找一个地方，这个地方可以是商场的中厅，也可以是一个单独的店面。因为，去这个店的人，就是奔着买折扣产品去的，所以稍微有一点残次、一点旧，或者不太干净，顾客都是可以理解的。

03 PART

人员管理：有好员工才有好业绩

3.1
选——严控入口

什么样的人适合做销售

首先，我问大家一个问题：什么样的人适合做销售？虽然一个店面需要招聘各种岗位的人才，但是不容否认，最难招也是最重要的一类人才无疑就是“销售人员”。他们需要既能够带兵，也能在最前方冲锋陷阵。

究竟什么样的人适合做销售呢？我曾问过无数经销商朋友这个问题，很多人给我的答案都是“能说会道的”“脸皮要厚的，而且不是一般厚的”，还有的说“要有经验的，做过销售的”，关于这个问题，我得到了各种各样的答案。当然，一般情况下，大家都是结合自己的亲身经历与过往选人、看人的经验来得出结论和判断的，可是到底是不是如大家所说的那样，销售一定要脸皮厚的，一定要超级能说会道的呢？未必！

接下来我们揭晓，究竟什么样的人适合做销售。第一，有好的亲和力；第二，有好的理解力；第三，有强烈的企图心；第四，有非常好的自信心。我把它们叫作“两力两心”。

很多人看了后问我："顾老师，你说的这四点都很有道理，但如果招一个优秀的销售人员，就只有这四点要求吗？"我可以肯定地告诉你："是的，对于一个优秀的销售者来说，这四点确实是最重要的。"其他素质固然也重要，但我所列的这四点绝对是最重要的。

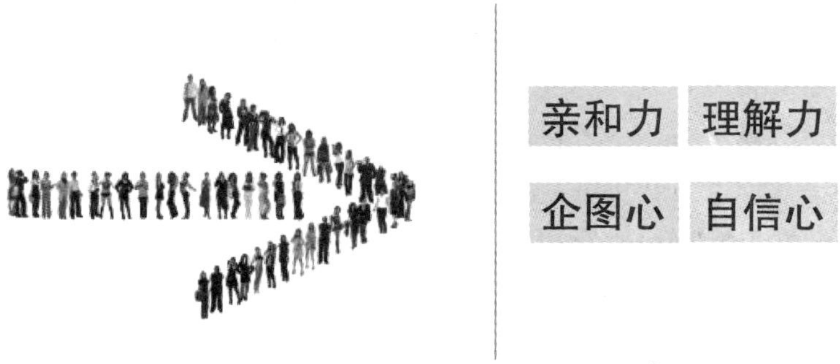

挑选优秀销售人员的四个标准

亲和力

一个优秀的销售人员必须具备很好的亲和力。所谓亲和力，是一种感觉，一种看见一个人就想和他说话，莫名其妙地和他有亲近的感觉。大多数人应该都有过这种体验，有些人我们一看见就不想开口和他讲话，为什么？因为他长得没有亲和力！在中国，有种罪名叫"相貌罪"。我举两个例子，大家体会一下。

在中国，有很多电影、电视剧中，总会有一些反派的角色，而某些演员经常会扮演这种类型的角色。然而，反派的角色演得多了，偶尔演个正面人物反倒没人信了。我记得香港有个演员叫张耀扬，很多人都认识这个演员，他经常扮演反派角色，一般都是黑社会大哥之类的，不管是演打手还是演黑社会大哥，他都演得非常好。然而，悲剧来了，有一次他在电影里做了回好人，扮演了一个警察，在将近 100 分钟的观影中，我一直觉得他不应该是个真的警察，他应该是个“无间道”的角色，最后一定会反水，事实证明，到最后他确实是好人。为什么我会产生“他不是好人”这样一个根深蒂固的想法？后来我琢磨了一下，原因就是他演的反面角色太典型，太深入人心了，因此一看长相就觉得他是坏人。

生活中，每个人多多少少都会凭感觉判断一个人是好人还是坏人，即使你和对方从未接触过，从没说过一句话，仅凭“相貌”就判定其“有罪”。试想一下，如果你招的销售人员，即使不至于“一看就不像好人”，但是，如果顾客一看他就不舒服，不想跟他讲话，结果可想而知。作为一个销售人员，顾客不愿意跟他讲话，他能干好销售吗？还没开始就已经注定会失败。所以，我必须强调，招优秀销售人员的第一标准，也是最重要的标准就是一定要有非常好的亲和力。

“良好的开端等于成功的一半”。刚进店的顾客，对销售人员是又爱又恨。一方面他们对行业和产品不了解，在装房子、买家具上他们注定需要销售人员的讲解和帮助；另一方面，买卖双方在心理上有天然的敌对情绪，顾客担心上当受骗，自然对我们的销售人员充满了提防。作为一个销售人员，即使你产品知识不够扎实，销售技能不佳，后续对顾客的服务也不够周到，但只要你有好的亲和力，就能在很大程度上打消顾客的疑虑与戒备，让顾客愿意跟你沟通。这就能很好地推进销售，让我们后面的工作事半功倍，这样的销售人员，销售业绩自然也不会差。

理解力

我曾经说过：“家居建材行业的销售人员一定要经得起折腾。”为什么？因为不管是日常接待顾客，还是做市场拓展，都很累，但累并不是重点，重点是你需要具备多项技能。我们需要面对各种各样的客户，和这些客户聊一次、两次、三次都不一定能成交，在这个过程中如果销售人员学习的东西不足，掌握的知识不够，绝对是经不起折腾的。

有些经销商可能会说，这都不是事儿，我招个有经验的销售员就可以了。但是有经验本身就是一把双刃剑。经验丰富自然上手快，但同时也制约了他后续的发展和学习，因为很容易因为经验而“先入为主”。

如果员工具备很好的理解能力，就不一样了。无论是让他学习产品知识、企业文化、销售知识和技巧，还是让他学习消费心理、软装、搭配的知识，只要具备好的理解能力，就能兼具好的学习能力，这样就能在知识和技巧的学习中游刃有余，事半功倍。所以，好的理解能力代表着这个人有快速学习的能力，并且更能理解顾客的需求和消费心理，把销售做好也就不在话下。所以，优秀销售人员选择的第二个标准是有非常优秀的理解力。

企图心

一般经销商理解员工“企图心”的时候，都和“钱”脱不开关系，这种理解不能说错，但也不全对。对一个员工来说，企图心不仅仅代表金钱，还包括对结果和目标的追求，对最终胜利成交的渴望，这才是我所说的“企图心”。如果员工仅仅是为了钱，这真的不一定是好事，因为他极有可能为达到目的不择手段。拥有追求目标和结果的劲头是件好事，但为达到目的不择手段的员工万万要不得。同样的，过于清心寡欲的人也不适合做销售，这样的人适合做客服，无论顾客跟他聊什么他都不会翻脸，聊什么都不会激动，永远保持一个语速，用一个状态应对所有情况，就算处理不好也绝对不会把事情搞砸。

上面和大家提到过，做家居建材行业的销售人员一定要经得起折腾。一个顾客跟踪下来，半年、一年都是常有的事。要想聊得长、聊得久，还需要作充足的知识储备。一次不成交、两次不成交、三次依然不成交，也不急不恼。我在前面提到过一个销售人员，为了卖沙发，跟踪顾客 18 个月，才最终成交。顾客在还没拿到房子钥匙的时候就开始寻觅沙发了；拿到钥匙要装修时，继续挑选沙发；等房子装好后，还在挑选沙发；就这样一直跟一直跟，房子装好的半年后，这个顾客才把沙发买了。如此漫长的过程，如果这个销售人员不具备企图心，不具备自我管理和自我要求的能力，别说一年半，我估计能不能跟上一个月都不确定。更何况我们的销售人员，需要一个月跟踪周期的顾客一抓一大把，只有依靠强烈的企图心，才能支撑他不断坚持。

自信心

我一直在强调，家居建材这个行业对导购的要求是比较高的，这不是和顾客接触一两次就能轻易成交的生意。一次没成交，两次没成交，会怎么样？多少会有一点沮丧，有一点不爽，这都很正常。但切忌沉迷于沮丧，总是不开心，不能以消极的状态接待下一个顾客。所以，这个行业优秀的销售人员必须具备非常强的自我建设能力，我把它称为“自我修复能力”。在顾客没成交的时候，告诉自己：这个顾客没成交，没关系。调整好状态，用饱满的热情接待下一个顾客。

我将这种状态解释为：“客人虐我千百遍，始终待他如初恋”。这需要非常强的自信心，因为这样的销售人员始终相信“下一个顾客一定会成交，下一个顾客我一定能把他搞定”。自信，让一个人获得了很好的自我修复，能够快速进行自我调整，不浪费任何一个成交的机会。

一个优秀的销售人员，应该具备这四个标准；第一，好的亲和力；第二，很强的理解力；第三，适当的企图心；第四，非常好的自信心。“两力”“两心”，顺序不能乱。如果你有企图心、自信心，但没有亲和力、理解力，依然做不好销售。好的亲和力能够使顾客愿意和你进行沟通，如果连沟通的机会都没有，就注定会输在起跑线上。

我希望家居建材行业的所有经销商，能够将招聘优秀销售人员的四点标准刻在脑子里。在招聘的时候就按照顺序将这四点拿出对照，先看亲和力，再看理解力，然后是企图心和自信心。如果有很好的亲和力，其他稍微差一点也是可以接受的，但如果没有亲和力、理解力，只有企图心和自信心做起销售来可能会比较困难。

有人说，亲和力和理解力是不是可以后天培养呢？我不能说绝对不可以，但是很难。你可以试试，改变身边一个整天板着脸的人，让他学会微笑，培养好的亲和力。必须提前告诉你，这件事没那么容易，也许需要两三个月，也许需要十年二十年。

为什么我没有先强调销售人员的知识、技能、方法和经验，而是先强调了这四点，因为这四点是“特质”。什么是特质？特质大部分都是与生俱来的，而知识、技能是可以通过后天培养的。所以记住这“两力两心”，记住优秀销售人员的四个标准。标准有了，如何招到符合这些标准的人呢？这就是我接下来要和大家分享的内容。

如何找到合适的人才

根据现状，我将找到合适人才的方法提炼为四个关键词：包装、吸引、梦想、决心。现在可能你还看不懂这几个词的意思，接下来我们会陆续对这四个词进行剖析。

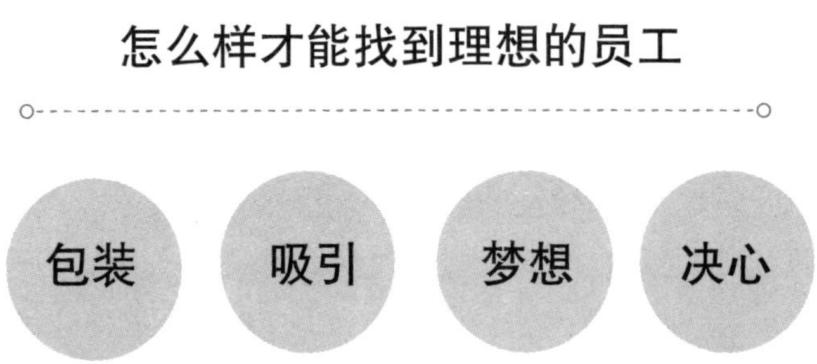

包装

简单来讲就是对你的企业、你的店面、你的团队甚至是你本人做一个适当的呈现。

为什么叫适当的呈现呢？我曾不断告诫大家千万不要欺骗你的员工。面试的时候一定不能欺骗员工，但是可以有选择地说真话。说什么样的真话？哪部分说真话？这就是包装。比如你发布一条没有亮点的招聘信息，作为一个优秀的员工，一个优秀的销售人员凭什么愿意跟一个没有亮点的团队干？所以，品牌、店面、团队包括经销商本人都需要一个有效的呈现。

何为有效？就是尽量让对方看到你好的一面。作为一个职业人，我和我身边的同事，都很能理解这一点，那就是任何公司、任何团队都不可能面面俱到，不可能每个方面都好。其实，我们去面试的时候，彼此看到的一定是相对好的一面，第一次见面就像相亲，你见过谁去相亲的时候不展现最好的一面吗？除非你本来就不想相亲，以俩人能在一起为目的去相亲的，必然会挑家里最漂亮、最合身的衣服。女生还会画一个美美的妆，再出发。就像我给大家讲课时，也会和平常的着装有所区别，要将自己打扮得帅气一点。

我女儿就曾问过我这个问题："老爸，为什么每次你去讲课、录课的时候，都打扮得这么帅而不穿平常的运动衫呢？"我告诉她："因为爸爸想让大家看到我好的一面呀！"所以，在给我们的准员工或者是潜在员工展示的时候，也必定是整个店面或团队最好的一面，这样才能做到我要讲的第二点：吸引。

吸引

作为经销商，你一定有过这样的感觉：终日为找寻优秀的员工而发愁，我要告诉你的是，优秀的员工不是被找来的，而是被吸引过来的。在我还很年轻的时候，那会儿大学刚毕业，很想进一家企业，那时候"顾老师"还是"小顾同志"，我想去的这家企业并没有对我做过任何宣讲，也没有人说过"顾××，你来我们公司吧，我们就需要你这样的人"。为什么我就是想去这家公司工作呢？就是因为看到了它好的一面，好多人每天都在夸这家公司。当时我就想：这个企业就是我职场首选的梦中情人了，我要想好好干一番大事业，就应该去这样的团队，就应该去这样的企业。

可是随着时间的推移，我才发现，曾经眼中完美的“梦中情人”也不是那么完美，那些原来看着很好的地方也没有那么好。但是，在企业招聘员工的时候，他们做到了吸引，能够吸引人是非常重要的。

一个员工加入你的团队，“你选择要他”和“他选择要你”是完全不一样的。说到这里，我必须多说一点，如果一个员工在应聘过程中，最终不能达成“他很喜欢你，你也很喜欢他”这种两相情愿的结果，你觉得应该选择“你看中的人”，还是“看中你的人”？不管你的答案是什么，我给大家一个建议，在人员能力相差不大的情况下，尽可能考虑看中你的人，而不要考虑你看中的人。为什么？

我在这里要再次强调两个字：吸引。如果是员工吸引了你，说明是他对你不太感兴趣，但是你对他超级感兴趣，为了让这个员工来，你甚至会开出比常人高的工资来挽留他，也许因为你开出的条件非常丰厚，他最终能成为你的员工，但是入职后能不能好好干，能不能真心实意百分之百地为你干？一般不会。他能来，就是为了你多给他的三五百块的工资，或者是你的盛情难却，但并不是他自动自发、发自内心地想要加入你的团队，这前后有云泥之别。所以，如果出现面试与被面试之间不能达成两厢情愿的时候，要尽可能地去挑选对我们很中意而我们对他可能不太中意的人员，只要员工对我们的这个团队、品牌或者是老板个人非常中意，那证明你的企业整体而言对他非常有吸引力，他入职后一定会拼了命把工作干好，至于后面，慢慢你会发现，原来这个员工还是有很多可圈可点之处。

梦想

每次讲到这个词的时候，很多老板会说：“我没什么梦想，就想在一个小城市，一年做两百万的流水，赚上二三十万，舒舒服服过我的小日子就挺好。”如果这话告诉了你的员工，哪个优秀的员工会跟你干？所有优秀的员工都是有“野心”的，心中总有很大的抱负和追求，如果你告诉员工你一年只能赚十几万，只想让一家老小在这个小城市过得挺好就行，那他呢？一年最多也就三四万的收入，别说是优秀的员工，即使是普通的一般员工也不会陪你玩。可想而知能进入你的团队的人，能力都是偏中下游的，这样的人员组成的团队，还谈什么战斗力？业绩又怎么能做得好？

所以，想要让优秀的员工愿意跟你干，首先老板自己要有梦想，这样才能让公司有梦想，团队有梦想，物以类聚，有梦想的团队自然能感召一群有梦想、有追求的优秀人才来共同打拼。

《水浒传》中的一号人物宋江，就是创造梦想，用梦想吸引好汉的一把好手。在宋江之前，晁天王也很厉害，梁山也很厉害，但是在普通人眼中梁山好汉与一般的匪类没有什么太大的区别。可宋江上山之后，在山上挂起了“替天行道”四个大字的旗子，马上就把梁山众人跟当时所有的土匪、山贼划开了界线，等同于宣告世人，“我们是土匪，但我们是最有情怀、最有梦想的土匪，我们干的事都是替天行道的事”。

旗子一挂，天下英雄纷纷来投，为什么？因为“替天行道”是个大梦想，其实当时他们也没想明白，替天行道具体要干什么。优秀的人一直追寻着梦想的脚步，伟大的梦想就是一个优秀人才的“聚宝盆”。

我们在面试员工的时候，应该和他多聊未来少聊过去。在招聘员工的时候，成功的老板一定会把自己、把团队卖给这个员工，而优秀的员工也是把自己以及自己的将来和梦想卖给老板。

值得注意的是，老板在把自己和团队卖给员工的时候，卖的是什么？一定是梦想！千万不要和员工具体地去呈现你的过去，当你讲得过于具体、过于理性，员工就会变得更加具体、更加理性，就会细细地盘算自己每个月能拿多少钱，这个月能赚3500元，那下个月能赚多少呢？算着算着，感觉你的企业越来越一般，自然不会觉得你这里是一个好选择。所以，老板要有自己的梦想，用梦想去激发团队，吸引优秀人才。

决心

招聘员工是一个需要有耐心的事情。很多老板都经常招人，在面试三五个之后没有找到满意的，就会找各种理由安慰自己。比如说自己所在的城市小，找不到优秀的人才，面试了好几个都差不多，就凑合着找一个用吧。

其实，招聘员工需要不断地面试。我们不能想当然地认为，每次面试都能遇到我们想要的人。能不能招到优秀的员工，其实是一个概率问题。只有面试的人足够多，你才有可能从一群不那么优秀的人中发现优秀的，如果优秀的人一抓一大把，你还面试什么，直接从菜市场一抓不就有了嘛。所以，招聘员工要有决心，还要有耐心。

由此，我们也延伸出另外一个问题，一个大多数老板在招人这件事上常犯的错误。招人“忌快宜慢”，但很多老板刚好相反，招人速度很快，在后面人员管理的章节中我们也会讲到这个问题，招人要慢，开除要快。

招聘员工的时候，不管你的经验多丰富，资历多老练，看人多准，但是一次就看准一个人是不太可能的，必须要多看几次。我入这行多年，自认阅人无数，但依然会有看走眼的时候。所以，老板招聘员工一定要有决心和耐心，这事急不得。如果你用员工的时候，发现这个员工可能并不适合留在你的团队，那开除时，动作就一定要快。如果有了这种想法，你还说要再观察一两个月，最后只能闹得大家都尴尬，开不开除，心里都不舒服。所以，招人一定要慢，开除一定要快。

这就是我想告诉大家的，找到一批理想员工的四个关键词：包装、吸引、梦想、决心。

快速打造核心团队

招到了自己想要的人才，那么接下来最关键的一步就是：快速打造我们的核心团队。想要招满一个十人的团队，不是一件一蹴而就的事情，不能奢求三天五天就能将人全部招齐，但是关于核心团队的打造是可以要求速度快一点的。

有个人叫刘备，是《三国演义》中的重要人物。刘备想要创业，要自己出来开公司干大事的时候，一个人也没有，而他的谋略也不够厉害，上马打仗也不太行，可以说是一个“文不能安邦，武不能定国”的人。

为什么这样一个人，最后能够奠定三国鼎立之势，他靠的是什么？其实，最关键的就是两件事，一个是“三顾茅庐”，一个是“桃园结义”，三顾茅庐解决了自己谋略上的欠缺，桃园结义解决了自己不能打的问题。每个老板，要想把生意做好，优秀的人才、团队必不可少，但想要一下子把所有的优秀人员都找出来，这不太现实，怎么办呢？我给大家一个建议：快速找到自己的核心团队。刘备的聪明之处就在于，创业初期，很快就找到了自己的核心团队——关羽、张飞和诸葛亮。

对于一个单店来说，什么是核心？

一个单店的核心有两个：一个是店长，另一个就是店里最优秀的销售人员。也就是说一个能文，一个能武；一个统筹，一个打仗，这两个人就是一个店的核心。只要店长稳定，最优秀的销售人员稳定，那店面的业绩基本差不了。一个普通店面大概有 4 ~ 5 个导购，最优秀的那个销售人员的业绩一般能够占到全店业绩的 50%，这就意味着其他几个店员的业绩仅能占到总业绩的 15% ~ 20%，换句话说，核心销售人员随便卖一卖就足够支撑店内的业绩，所以只要你的核心团队是稳定的，店面生意就稳定，这也是我再三和大家强调要快速找到自己核心团队的原因。

核心团队的挑选也是有标准的，归纳为 8 个字就是：优势互补，稳定为王。前面讲到刘备找到三个人：关羽、张飞、诸葛亮，这三位的能力可以说和刘备形成了非常好的互补。作为一个领导者，如果他选人用人比较厉害，那就需要找两个能打的，再找一个谋略上出众的，这就是优势互补。

优秀的核心成员当然好，但如果你招聘的优秀的核心成员全都和你一样，就永远起不到 1+1 ＞ 2 的作用，想要 1+1 ＞ 2，甚至大于 3、4，几乎是不可能的。因为那样招人只能让团队的能力得到单独的线性叠加。

如何选择核心团队
优势互补、稳定为王

所以核心团队首要的原则，一定要优势互补。简单来讲，如果你是一个非常强势的人，那你的店长就不要招那么强势的；如果你是一个非常温和的人，那你招的店长就需要一点强势的气息。

很多培训老师都听过这句话："铁打的营盘，流水的兵"。我大学刚毕业的时候，第一次听课听到这个话题时，感到热血沸腾，老师说得太好了，可是这么多年走下来，我发现这事儿并不太靠谱。你的兵在不断"流动"，营盘又怎么会坚固呢？

有个经销商朋友曾问我："顾老师，我做了一个国外非常顶级的品牌，在一个区域做了好几年，但是每年的业绩都止步不前，基本没什么大的增长，成交的客户绝大部分也都是靠老顾客转介绍来的，这是怎么回事？"

听完他讲述自己的情况后，我只问了他两个问题：一是你的团队流动是不是比较大？二是你的核心团队提升是不是有限？

他肯定的回答，印证了我的判断，他的团队人员流动果然非常大。

也许你很好奇，我为什么会有此判断？换句话来讲就是为什么我会觉得人员流动大，会导致业绩难以提升？

回到刚刚我们说的那句话，“铁打的营盘，流水的兵”。如果你的兵是流水的兵，营盘绝对不可能是铁打的。所以，这句话应该换一个说法：保证核心团队的稳定，营盘才能是铁打的。一些新员工或者不太核心的员工，稍有流动，对店面业绩的影响并不会很大。但如果你的核心员工在不断地发生变化，要想把生意做大可真就是难于登天了。

所以，在打造核心团队的时候需要重点考虑两点：第一，要优势互补；第二，要稳定为王。

如果你的核心团队成员可以做到优势互补，并且能够保持稳定，那才能真正形成铁打的营盘，形成稳定的经营团队和管理团队，你的业绩才能稳定。

3.2 育——培养带教

家居建材行业对导购的要求是什么？我总结为两句话，第一句是“经得起折腾”，第二句是“耐得住寂寞”。什么叫经得起折腾、耐得住寂寞？

一个顾客来店里，一次不成交、两次不成交、三次还不成交……做快销行业会有这种问题吗？卖家电、服装基本上都是一次成交，即使去买个六七千块钱的手机，可能看几分钟、十几分钟，试一试差不多，检查包装也没问题，我们就买了。可是买家居建材，却没有这么快。所以，如果是一个需要多次沟通才能成交的产品就需要我们的导购经得起折腾，不能折腾两次就放弃了，那又何来的成交呢？更何况现在我们还经常做活动、做促销，所以导购一定要经得起折腾。

经得起折腾主要指老员工，耐得住寂寞主要指新员工。所有老板都有一个共识，新员工之所以来了几天就走掉，是因为太忙。恰恰相反，因为太闲，没事干。

比如新员工第一天报到，早上来了，店长就告诉他，小顾你今天先自己看一下，熟悉一下产品知识。可是作为一个新员工，要熟悉什么呢？他并不知道，所以只能自己看看、翻翻。你是不是很疑惑，店里不是有店长吗？店长不在还有老员工呢，怎么会没人管？而事实确实是新人就是没人管。店长根本没空管，老员工要接待顾客也没空管，并且一线的导购员还存在“倚老欺生”的问题，这几乎是所有团队共同的特点，有顾客来了不让新人接，中午吃饭不带新人一起，这种恶劣的行为已经不只是业绩压力那么简单了，一天、两天、三天……

家居建材零售对导购的要求

经得起折腾、耐得住寂寞

新员工越来越寂寞，还能留得住吗？所以，对新员工来说，能不能耐得住寂寞是其能不能留下来、能不能被带好的关键。怎么样才能让新员工留得下来、带得好？接下来我们就讲一下新员工的带教。

新员工管理之痛

家居建材行业的新人管理之痛无外乎两个：一是来了留不住，二是留下来带不好。

什么叫来了留不住？新员工上班的前 3 ~ 7 天的流失率是最高的，为什么？就是因为耐不住寂寞，太闲了。

新员工工作 3 天后，给老板发信息，告诉老板：我觉得这个行业不适合我。

老板问：那你干什么去？

员工说：我去卖化妆品。

老板问：为什么去卖化妆品？

员工说：虽然化妆品的生意不一定好，但是至少商场人多，每天热闹，仅过路的就有几千人，看着就感觉挺好。

2015年我在太原给一个定制的品牌讲课，课程过程中需要进行场景演练。其中有一个导购来了3个多月，我当时想都来了3个月了，基本的产品知识应该没问题了，他自己也觉得没问题，所以就非常踊跃地站起来了。结果却讲得一塌糊涂。

3个多月了还不熟悉产品，这不符合常理，于是我就问他：为什么来了3个多月讲产品还是这个水平？这么长时间不应该学不到任何东西呀，你每天都学什么了？他说我们经理天天来了就告诉我，你熟悉一下产品，熟悉一下价格，熟悉一下型号，熟悉一下尺寸。那我问："后面呢？"他说没有后面，每天都这样。我恍然大悟：原来如此，这样能学好就是怪事了。

新员工管理之痛

现状：来了留不住，留下了带不好！

办法：师徒制带教，标准化学习！

店长每天就叮嘱一句学习的话，叫你去熟悉这个，学习那个，"一句话"能带好人吗？员工耐得住寂寞留下来了，而你却带不好。3个月过后，到转正时，事情反而变得尴尬了，辞退也不是，留下又觉得差点什么。怎么样才能解决"来了留不住、留下来带不好"的问题呢？

我的办法，也是两句话：一是师徒制带教；二是标准化学习。

师徒制带教

什么叫师徒制带教？原来我曾服务过的一家企业，新员工来了之后就会有人把他带到店长面前，然后叮嘱店长：这个员工是你们店新来的同事，以后在你们店实习，在你们店实习和放到你们店是不一样的，实习完了之后是有可能被调走的，放在你的店里仅仅是作为人才培养。我们在前面也强调过终端店面也是人才培养基地，所以这样的员工放在店里，就需要找一个人专门带教他。这个人可以是店长，也可以是一个资深导购，不论如何，选择的这个人需要具备基本的带教技能。然后指定，形成师徒关系。为什么一定要形成“师徒关系”呢？

店里的员工什么时候吃饭？商场具体的规划、具体的分布是什么？店里员工的作息时间是怎么安排的？新员工不知道的事要问谁？这时就需要一个“师傅”这样的人，给新员工指定学习目标，为二者建立直接相关性，方便解决问题。

如果店里三五个人同时带一个人，你会发现谁都没带，最后相互之间推诿责任，最糟糕的是新员工没被带教好，所以必须责任到个人。员工带教采用这种一对一的“师徒带教关系”是一种“责任制”，既能解决新员工面对新环境的很多问题，帮助其快速融入团队，还能解决能不能将人带好的问题，带不好徒弟就是师傅的责任。一个月后，想要了解新人的带教结果、学习情况，不需要找店长或者其他人，只需要找他的“师傅”即可。

标准化学习

其实，绝大部分品牌的店员在学习上是没有章法的，我们既想让新员工学习产品知识、价格型号、尺寸、下单、接待顾客，还想让其学习产品、品牌、商场的基本情况，及一些基本的规章制度、礼仪标准的服务规范等。可是这些你想让新员工拥有的知识什么时候教？教到什么程度？想要达到怎样的结果？以什么作为考核标准？对此，大部分品牌并没有系统的解决方案。

所以我建议大家，把新员工的学习形成标准化的文件和体系。第一天学什么，第一周学什么，第二周学什么，第三周学什么，第四周学什么，周末考什么，达到什么标准算合格……层层递进，让新员工学习有章法，同时企业考核也有章法。这样一来，新员工不仅每天都有事做，而且还能看到自己每天都在不断进步、不断收获。

这就是我和大家强调的“师徒制带教，标准化学习”。如果能做好这两点，就能解决我们面临的新员工管理之痛，“来了留不住，留下来带不好”的问题。

没有经过培训的员工是终端最大的成本

2016 年夏天我出差前想去楼下理发，到了之后，看到理发店的玻璃门上挂了一个牌子。大概的意思是他们全体员工上午培训，下午两点以后才能理发。

很多人都觉得理发这件事儿挺好干的，理发是个“一朝学艺，终身受益”的手艺，但是看到这个牌子我不得不说自己老了，跟不上时代潮流了。理发店每个月都做培训了，安排了系统的学习，这让我深有感触。

送大家一句话：没有经过培训的员工是终端最大的成本。这句话我相信很多人都听说过，但很多人都不太理解，在这里我“解剖”一下这句话。为什么没有经过培训的员工是终端店面最大的成本？

现在终端店面的实际情况大家都很清楚，不搞活动的时候店内每天的客流量低得吓人，周一到周五每天的进店人数可能只有一到三拨，周末人数会稍微多一些，大概是五到八拨。如此有限的客流量，对于店面成交率要求会更高，否则业绩流水从哪里来？因此，在这种情况下，成交率和命中率就显得尤为重要。

这个时候你让一些没有经过培训的员工与有限的顾客进行深度交流，

能不能成交？不能说完全不能，但是成交的概率一定会非常低。此时，这些员工摇身一变就成了成交最大的风险，顾客进店量本就低得可怜，如果因为这些没有被培训过的员工能力上的欠缺，而导致“煮熟的鸭子就这么飞走了”，老板你做何感想？这些员工自然也就成了老板最大的成本。

我们获取一个进店顾客的成本是非常高的，装修、样品、展示、广告等，老板所花费的成本都是为了获客，所以细算下来，获取一个顾客的成本非常高，轻易流失任何一个顾客的成本是非常吓人的。直白一点说：放任没有经过培训的员工浪费你的客流，那就是“犯罪”。

放任没有经过培训的员工浪费门店的客流
就是犯罪！

我们的顾客就如早期游击队员打仗时用的子弹一样金贵，枪法不好，打出去的子弹射不穿敌人的身体，那就是犯罪。我们的每一个进店顾客都来之不易。你要想找到一个有效的顾客的电话号码，找到一个有效顾客进店，需要花费的时间、精力等成本有多大，想来每个行业内的人都心中有数。如果，让进店之后的顾客轻轻松松走掉，损失的不只是一个顾客而已，包括之前很多吸引顾客进店所付出的成本都一起浪费了。所以没有经过培训的员工一定是终端最大的成本，放任员工浪费我们的客流一定是最大的犯罪。

店员培训，实效才是硬道理

怎么样培训员工？可以概括为两点：一是常态化，二是系统化。

终端店面想要形成稳定、持续的人才输出机制，必须要有稳定、持续的培训机制作为辅助，形成常态化和系统化的培训体系。如何让培训在店面成为“常态化”？

第一，设置专职或兼职培训（学习）管理岗位。为什么我说的是专职或兼职？这是根据家居建材行业的业态来决定的。之前有个经销商老板告诉我：“顾老师，我的团队一共才 5 个人，请一个专职的培训专员，每月需要付出最少 3000 ~ 4000 元的成本，不划算。”

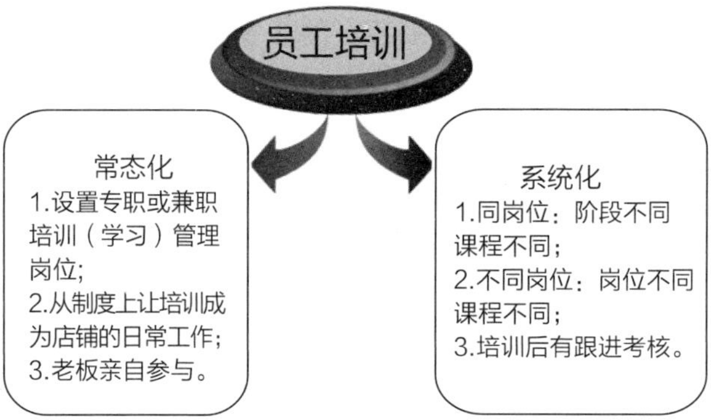

确实不划算，所以我才会说可以找兼职的。一个月可以给他三五百块钱，甚至可以让自己的店长或者某一个优秀的员工兼职这件事，只要你把他放在这个岗位，不给补贴，他也依然会负起这个责任。

经过我的建议，这个老板将自己的一名店员安排为“学习委员”。店内一共有 5 个人，这个学习委员，每周会带着大家做一次学习，一次案例讨论，并阶段性地将一些知识转化成实战演练。一个店面的员工是需要成长的，然而店里不可能天天放一个“顾老师”为大家做培训，教大家如何成长。小成本下如何让员工、团队形成自动自发的成长？在店内设定一个员工承载“学习委员”职责的这种方式，就不失为一种好的办法。

第二，要从制度上让培训成为店铺的日常工作。什么意思？其实，每个老板都知道，培训很重要，员工的学习、成长很重要，可是当培训学习与其他工作相冲突的时候老板的选择就是：学习、培训先放一放，先把工作做了。长此以往员工会怎么想？所以一定要让培训、学习成为店面工作的一部分，成为常态。

第三，老板亲自参与。为什么非要老板亲自参与呢？很多时候我去给企业讲课，对方将所有东西安排好后，一般都会问我："顾老师，您还有什么其他的要求，尽管说，我们尽量配合。"我的回复永远是："我只有一个要求，让公司老板和高管坐在第一排听。"从他们的角度来考虑，可能是觉得我在担心他们企业的员工不好管，所以要让公司高层领导来坐镇。其实并不是，之所以要老板和高管坐在第一排，是为了通过这些人亲自参与，让你的全体员工知道，老板重视大家的学习，公司管理团队是重视员工成长的，公司请老师来讲课不是一句口号。培训这件事就是一个需要全员参与的工作。

如果在员工培训、学习的时候，老板从不参与，员工内心会产生什么想法？更有甚者很多老板在员工学习、培训、演练、分析的时候，去打麻将，如果你的员工知道老板的这种行为，会觉得在老板眼中，学习培训、把生意做好还没有"打麻将"重要，员工自然也就不再重视培训这件事了。所以，只有老板亲自参与培训，才能让员工重视、坚持，才能让培训成为一种常态。

我们讲老板亲自参与，并不一定是要老板天天参加、每次参与，而是强调老板需要从内心重视员工的学习和成长。

常态化只是保证了员工有学习的行为，但不能保证学习的成果。想要让员工有持续性的成长和能力上取得突破，那就涉及我要讲的另一个重点：培训一定要系统化。

如何让培训系统化？

第一，同岗位，阶段不同课程不同。新员工要学什么？成熟员工学什么？老员工学什么？是不一样的。比如说刚来三天的新员工，你就和他讲自己的CRM系统、经销存系统，一方面他未必能够听明白；另一方面，基本上你和员工讲到下单系统的时候他就不干了，因为他们觉得卖个建材、卖个家具挺简单的，一上来你就让我学这么复杂的系统，我还是去卖化妆品吧，没那么多事儿。所以阶段不同，你给员工安排的学习课程也应不同。

终端导购应掌握的知识（技能）

新入职	一个月	三个月
· 店铺制度	· 服务技巧	· 沟通技巧
· 服务礼仪	· 产品保养	· 顾客类型
· 产品知识	· 开单收据	· 投诉处理

第二，不同的岗位课程也要不一样。导购、店长、经理、客服、财务、总监等每个岗位学习的内容是不一样的，但是很多老板并不这么认为。

有一次我去一个企业讲渠道开发、渠道拓展、招商的课程，现场有将近100人，在讲课的过程中，坐在前面的大约四五十人很配合，大家很积极、很踊跃，课程反馈挺好，但是后面坐的三四十个人，我使出浑身解数也不见有什么反应。我想不应该啊，我讲的课程还是可以的，怎么就一点儿反应也没有呢？我再试试。然而，我所有调动后排氛围的努力都以失败告终。于是，中午吃饭的时候，我就问他们的营销总监："后面这些兄弟是不是对我不太满意？怎么我拼命调动他们参与课程也没见有任何反应？"营销总监的一句话让我很无语："后排那些人是我们负责生产的同事，全是生产部门的管理人员。"

渠道开发和生产管理基本上毫不相干，为什么让他们来听这堂课？

营销总监的回答更是让我哭笑不得："顾老师，我们是想，请您来一次不容易，就想让他们一起听听。"

很多老板在请老师去做培训的时候都会有类似的想法，然而我并不是很认同。渠道开发和生产线上的员工本就是不相关的岗位，他们需要学习的课程自然也是不相同的。我给大家讲一个例子：给老板讲课，我会讲如何管理团队，如何管理员工，工资的算法，团队的激励政策等，这些如果讲给员工听，会是什么结果？员工铁定不干了，也许还会找老板拼命？这样一来老板还怎么带着自己的员工愉快地玩耍？所以，不同的岗位，课程一定要不同。这不仅是对员工负责，也是对老板负责，对结果负责。

第三，培训之后一定要有跟进、有考核。不论是常态化的培训，还是系统化的培训，并不是要求大家必须每天坐下来听课。如果请一个老师，成本过高，每天花 10 分钟、20 分钟、30 分钟，或者每周花 1 小时，仅仅是分析一个案例，讨论一个话术，研究一款产品，总结一个顾客的整个销售过程，也是可以的，但是所有动作一定要有跟进、有考核，特别是外派培训。

说到这里，我要给大家提供一个外派培训回来做跟进、做考核的最简单的办法。

所有员工外派培训回来之后，不论他是否做过笔记、是否将培训内容全部消化，回来之后他必须给所有人做一次"转训"。

转训，顾名思义就是将你参加的课程转而教给其他需要接受这项培训的同事。比如，你参加了一场店长的课程，回来后就找几个店长或者准店长，做一次转训，把你学的内容，重讲一遍。

这个方法，不仅让外派听课的人更用心，又能帮助他们对课程内容快速消化吸收。在学习上有个词叫"教学相长"。这个角色的特点就是在教别人的过程中做到更快的自我提升。

我给大家看一个示例，终端导购应该阶段性掌握哪些知识技能。新员工刚来，他们需要学习店铺制度、服务礼仪、产品知识；入职一个月的员工要学习服务技巧、产品保养和开单收银；3个月的员工呢？则是沟通技巧、顾客类型、投诉处理。

千万不要让刚来没多久的员工就学投诉处理系统。一来他们处理不好，二来你要求他做的这个事老员工都未必能做好，他能做好吗？新员工会觉得你有心为难他，也就不愿意干，辞职了。所以，我一直在强调：不同阶段的员工应该学习不同的内容。

3.3
用——日常管理

招人是为了“用”人，留下来的人该如何用好？这就是我们接下来要讲的问题。

我曾经问过很多经销商朋友一个问题：什么样的员工才算好员工？得到的答案五花八门，每个老板都依据自己的考量和经验，给出了自己的答案，由于出发点不同、视角不同，我很难说他们是对还是错。从终端经营管理的角度来说，什么样的员工才算好员工呢？

放对位置的员工才是好员工

对于《西游记》大家并不陌生，剧中的师徒四人，大家觉得谁更优秀呢？愿意选谁做自己的员工？为什么？

有人选师父，因为师父目标感强、意志坚定，万里取经始终不动摇。有人选大师兄，因为大师兄单打能力第一，有了大师兄就没有搞不定的妖怪，就算有搞不定的妖怪，他也能去搬救兵，如果店里面要有这样一员猛将，业绩自然就不用愁了。还有的人选二师兄八戒，觉得八戒好玩，到哪儿都开开心心的，很有亲和力。也有人选择沙僧，他们觉得沙僧任劳任怨。

这四个人，各有优势，但优势往往伴随着缺点。唐僧师徒四人的优势明显，却也有各自不容忽视的缺点，唐僧磨叽，悟空性子急，八戒好色、贪吃，沙僧脑子迟钝。从终端店面管理的角度来讲，究竟应该选择什么样的员工才最合适呢？

唐僧——不畏艰险、喋喋不休、作为不乱　（售后服务）
悟空——神通广大、富于激情、自信担当　（销售高手）
八戒——对新鲜食物时刻好奇、憨厚好色　（店铺设计）
唐僧——任劳任怨、诚实、踏实　（店务管理）

好员工就是指放对位置的员工！

不畏艰险、喋喋不休、坐危不乱是唐僧的优点。面对取经路上的艰难、环境的困苦、妖怪的凶恶，他从来没有一丝的退缩和胆怯。很多人都觉得唐僧目标坚定，带着三个徒弟走完了取经之路，他更适合做管理者，做店长，做带头的那个人，但是我不这么认为，我觉得售后服务更适合他。

顾客一旦有了售后问题，来店里时没有一个不是怒气冲冲的，不等你开口，劈头盖脸先骂一顿。这时候如果是“悟空”来接待，那完了，极有可能瞬间翻脸，不开口就直接将对方一棍子打死。但如果是唐僧接待问题用户，就不一样了。他有一种“魔力”，不论什么样的顾客都能安安静静、踏踏实实地坐下来跟他聊，把问题从头到尾说明白。处理投诉的核心在于解决心情，抱怨完了，心情畅快了，处理问题就比较容易了。其实，再大的问题都是能处理的，顾客的情绪却不太容易处理，唐僧的这种性格就能很好地解决这个问题。所以我才会说唐僧更适合做售后服务。

大师兄孙悟空，神通广大、富于激情、自信又有担当。取经路上没有他搞不定的妖怪，即使遇上搞不定的，凭借自己广阔的人脉关系，自有各路神仙前来相助。所以，他基本上承包了《西游记》中所有打怪的任务，足见其内心的激情与担当，这种人最适合去“攻城略地”。作为业务高手、销售高手，他们既能打仗，又能公关，基本上没有他们搞不定的顾客，没有他们打不下的江山。

说起八戒，大家的第一反应是好色、贪吃，这往往让我们忽略了一点，八戒虽然好色，但是并不讨人厌，周身环绕着一种“呆萌”的气质。所以，即便在整个《西游记》中，他无时无刻不在表现自己的好色，但是他本人并不被异性讨厌。八戒的憨厚、好色反而证明了他对新鲜事物时刻保持好奇心，所以八戒最适合做的是设计，去布置店面，做氛围装饰和店面呈现。为什么呢？

拥有好奇心的人，往往没有定性。所以，我们不能指望八戒坐在办公室里按部就班地上班，也不能指望他踏踏实实地做一些条理性、事务性强的工作，这实在是太为难他了！可能刚开始做的时候还好，但做到后面，肯定很难保持专注和专一。如果你让他做设计呈现或搞搞店面氛围那就不一样了。一般来说想要氛围活跃，有八戒在基本上就没什么问题。团队一起出去唱歌，只要有八戒在绝不冷场。可是如果是一堆师傅或者一堆大师兄去唱歌，可能就没有八戒那么好玩儿了。

取经路上的沙僧，我用三个词形容他：任劳任怨、诚实、踏实。小时候，第一次听《西游记》的主题曲，唱到“你挑着担，我牵着马……”，我一直觉得这歌是为沙僧唱的，脑补的画面是“二师兄牵着马，他挑着担，或者是二师兄挑着担，他牵着马”，无论如何，从画面上看至少这两个人，是一起干活的。可看完了《西游记》我才发现，整个路上，基本上都是沙僧挑担，沙僧牵马。我为他总结了一句话“我挑着担，我牵着马”。沙僧，一路上任劳任怨，非常踏实、肯干，而且从未想过要背叛取经目标，就算大师兄走了，二师兄也不想干了，他依然留在师父身边。这样的人在店面适合做什么呢？

我问过很多老板，他们都说这样的人适合做安装、售后服务。这些工作沙僧都可以做，但是我觉得这有点大材小用，最适合沙僧的职位是“店务管理”。每个老板都必须承认，你的店里需要一个任劳任怨、踏实稳重的人，他能把所有的事情按条按理梳理清楚，整理好。唐僧肩不能扛，手不能提，悟空性子急又粗心大意，八戒容易被新鲜事物所吸引而偏离原来的轨道，唯有沙僧认真、踏实、坚韧最合适做店务管理。如果资质不错，这个人完全可以升任店长，成为店面经理。

之所以这样说，是因为我知道老板招一个员工最看重的是能卖货。卖货当然重要，赚钱当然重要，但比这更重要的是踏实和放心。老板用人，特别是在关键岗位上的用人最重要的一定是“放心”，否则即使他能力再好，店面业绩做得再漂亮，也难以抵消内心的不踏实。

用人的核心在于

放对位置。

挑选了一个让自己不放心的人，放在关键岗位上，试问你能和他好好相处吗？他能把事儿干好吗？就算干得好，你依然会寝食难安。谁能让你放心、让你觉得踏实呢？沙僧。无论你出差多久，他都会把店里面打理得井井有条。

为什么跟大家讲这些？就是为了告诉你什么才叫好员工。好员工就是指放对位置的员工。不管你招一个什么样的人，核心不在于他有多优秀，而在于你能不能把他的长处发挥出来，能不能把他放在需要的位置上。所以，好员工的核心在于“放对位置”。店面员工管理的第一步就是把你招来的员工放在合适的位置上，如果位置不对，一切都白费，甚至会因为方向不对，反而干得越多错得越多。

如果易位而处，由悟空来做店面管理，你觉得卫生能打扫得好吗？店面细节管理能管得好吗？氛围管理能管得好吗？形象管理能管得好吗？产品管理能管得好吗？最终只会是一团糟。因为他只会干一件事——打妖怪。放到店里，也只需要做一件事儿，那就是卖货。所以，我要强调一句非常重要的话：好员工就是指放对位置的员工。

不要用你的标准衡量所有人

下面这张照片，是一个老板在批评他的员工，因为员工没有做到他的标准。我要送给大家的第二句话是：千万不要用你的标准衡量所有人。

每个老板能把生意做大，一定有他的过人之处。可是，你不能要求你所有的员工都和你一样。如果一起陪着唐僧去天竺取经的四个徒弟都是他那样，取经将化为泡影。从人物特点来分析，他绝对是不喜欢孙悟空这类人的，因为孙悟空不听话，屡犯天条。但当遇到妖怪的时候，是谁救他出妖洞，一次次从妖怪的口中帮他夺回性命？所以即便他再不喜欢这泼猴，却不得不用他。当然，唐僧比较喜欢沙僧，但就算 3 个沙僧加在一起也打不过一些妖怪。取经路上打不过妖怪，前行一步都困难。

我们的店面经营也一样，老板是什么样子的人并不重要，重要的是团队成员之间要形成“优势互补”，这与前面讲到的核心团队的打造是一样的，你要找到跟你形成优势互补的人来把班子搭好、把团队组合好，所以千万不要用你的标准衡量所有人。从人的角度来讲，基本上我们都会喜欢跟自己差不多的类型。比如说，我是一个比较爽快的人，我就喜欢爽快的人；我是个比较温和的人，我就喜欢温和的人；我是一个爱聊天的人，我就喜欢一个爱聊天的人。但是，从事业的角度或者经营的角度来讲，人与人之间、团队与团队之间最好是互补的，而不是“都一个样”。所以，这是我送给大家的第二句话：千万不要用你的标准衡量所有人。

人员日常管理的三个关键点

第一，明确的岗位职责与工作标准。

2016 年年初，我在一个公司年会现场讲课，内容涉及团队管理和人员管理。课间休息的时候，有一个经销商朋友问我：“顾老师，我的一个店长做事让我感觉不是特别满意，我想对他有个管理考核，您给我个意见。”经过简单的了解，我才知道他的店面连最基本的管理制度和岗位职责说明都没有，连这个都没有，还谈什么管理、谈什么考核？

其实，员工能不能干好暂且不说，但是如果员工连自己要做什么都不知道，这样的管理绝对不行。所以，员工管理的第一个关键点就是必须要有相对明确的岗位职责和工作标准。不管是导购、店长、财务，还是售后、设计师、安装工、测量员，如果连最基本的岗位职责和工作标准都没有，就等同于没有相关的管理与考核的基础，那管理也就无从谈起。因为没有标准，怎么干都是对的。没有标准，怎么干也都是错的。所以，员工管理的第一个关键点是要有明确的岗位职责和工作标准。

第二，相对公平、以身作则。

很多人问我，怎样才能把团队带好？怎样才能把员工管好？怎样才能让自己的队伍更有凝聚力、向心力？如果必须要我给出一个答案，那肯定是公平公正、以身作则。这是把员工管好最快、也是最有效的方法。只要你能保证公平公正，“一碗水端平”，你的团队基本上不会有太大的问题。

终端人员管理的三个关键点：

关键点一：明确的岗位职责与工作标准

关键点二：相对公平、以身作则

关键点三：与之成为绩效共同体

不管老板、团队能力如何，只要老板能做到以身作则、率先垂范，就可以保证团队的战斗力，为什么？当员工看到老板都在往前冲，再差的员工也会跟着冲。

为什么是相对公平而不是绝对公平呢？其实，公平本身就是一个相对的概念，没有所谓的绝对公平，到底什么是相对公平？顾老师想用一句比较通俗的话来解释，相对公平就是从始至终对所有人都坚持一个标准。

举个例子，我们规定上班时间 9 点半以后到公司的算迟到，这个规矩在制定的时候，根本就不会考虑你住在哪里，因为这是给所有人定下的规则。有的人离公司很近，走路几分钟就到；有的人离公司很远，需要一两个小时。如果对上班时间的管理要考虑所有员工上班需要消耗的时长，那还怎么管理？所以制定上班时间是统一的，不管距离远近都要按照一个标准来执行，这就叫相对公平。

要做到相对公平就要从始至终对所有人都坚持一个标准，千万不能有特殊。很多老板的店里难免会有自己的亲戚、朋友，甚至是自己的老婆、兄弟姐妹，但是只要在职业环境中，就必须坚持一个原则：所有人都是一样的，只有雇佣与被雇佣的关系，没有其他关系。

关于以身作则，我觉得《亮剑》中的李云龙就做得非常好。因为每次打仗他都往前冲，而且是冲到战斗最前线。反观我们身边的很多老板，每次打仗都说"大家给我冲"，通常是只喊口号不和员工一起冲，如果老板能和团队一起战斗在最前线，能够在战斗的时候喊"大家跟我一起冲"，那员工自然会觉得老板跟我们战斗在一起，这事很重要，是有价值、有意义的。相信这样的团队凝聚力、战斗力自然所向披靡，而这样的老板在员工和团队中往往能树立非常好的威望，反过来又能促进我们的日常管理。所以，谨记"要求别人做到的，自己一定要先带头"。

再给大家举个例子，我有个朋友，他开了一家规模很大的家具卖场，并且自己亲自参与管理。可是他每天差不多 12 点才到卖场，喝茶之后就去吃午饭了。

有一天，我跟他一起喝茶聊天的时候，就对他说："如果你不参与管理，你几点来卖场都无所谓，因为员工觉得你只是老板。但是如果你亲自参与管理，这个时候你除了是老板之外还是一个管理者、领导者，你必须要以身作则。既然选择亲自管理，就要尽量跟员工统一标准。"

任何企业、任何团队，老板和员工或者企业团队之间是不可能执行双重标准的。前段时间，任正非先生从机场出来自己拖着行李去打车的照片非常火。为什么这个事情能这么火？因为同样是老板，任正非能做到以身作则。他要求员工勤俭，要求员工吃苦，他自己也是这么做的。70 多岁的人，还自己拖着行李箱在大冷天打车，这就是"以身作则"。

一个老板，如果要求员工不要迟到，要求员工要对顾客好，但是自己做不到，那你要求的都会变质。最常听到老板对员工说的一句话就是“顾客是上帝，对顾客服务一定要好”，可是当顾客与老板的利益发生冲突的时候，或者在与顾客成交的过程中，很多老板都是说一套做一套。一次、两次是形势所迫，总发生这种状况呢？员工就会觉得既然老板都这么做，我们也就无所谓了，“顾客就是上帝”就成为一句空话。就好比店面一直强调学习，要让员工努力向上，一定要打造学习型组织，可是老板从来不参与学习，从来不主动跟大家一起讨论，一起分享，那么员工基本上也学不好。老板的以身作则会带来员工的重视和认真对待，这种影响非常重要。所以管理的第二个关键点是相对公平、以身作则。

第三，老板要和员工、团队成为绩效共同体。

前段时间我去河北，跟一个经销商朋友聊到店面管理。他问我：“顾老师，为什么我们老板需要拼，而员工就不能像老板一样拼呢？”这本身就是一个悖论，员工很难跟老板一样拼，为什么？因为员工有退路，而老板没有。

导购岗位职责

①负责产品介绍与推荐，完成店铺销售；
②做好顾客服务，负责顾客管理与维护；
③店铺售后服务与投诉处理；
④店铺主动营销；
⑤产品维护与管理；
⑥店铺及购物环境维护；
⑦店铺卫生打扫与维护；
⑧参与送货与售后安排工作；
⑨店长安排的其他工作。

简单解释就是，老板花几十万、上百万投资了一个生意，干不好就

会亏损，弄不好还有可能倾家荡产、血本无归。而员工的投资只有时间，投资一点点精力来做这份工作，如果做不好，完全可以换个工作继续干，但老板能换个生意继续干吗？这就是问题的关键所在。

有没有和老板一样为了公司拼命的员工？有，他们把老板的事当自己的事来做，把店面和公司的事全当成自己的事，这类员工也是老板梦寐以求的员工，这样的员工去哪儿找？跟员工成为绩效共同体，他们就会把你的事当成自己的事来做。如果老板能跟员工成为一荣俱荣、一损俱损的绩效共同体，公司好你我都好，公司不好大家都不好。如果能够达成这种绩效共同体，那员工也能像老板一样拼、一样努力。

终端店面导购岗位职责有 9 大项。第一，负责产品介绍和推荐，完成店铺销售；第二，做好顾客服务，负责顾客管理与维护；第三，店铺售后服务与投诉处理；第四，店铺主动营销；第五，产品维护与管理；第六，店铺及购物环境维护；第七，店铺卫生打扫与维护；第八，参与送货与售后安装工作；第九，店长安排的其他工作。导购要做的并不只是卖货。

让员工更加优秀的具体技巧

上节中我们讲到人员管理的三个关键点，具体应该如何实施呢？可以归纳为：五分指导、三分表扬、两分批评。简单来说就是所有的员工管理，特别是终端店面一线员工的管理一定要指导在前，表扬在后；指导最多，表扬次之；慎用批评。

对于新员工，请慎用批评。如今“90 后”“95 后”已经成为职场的主力军，如果在没有提供任何指导的情况下，直接让员工去干活，做得不好，就一顿骂，我相信不超过两次，员工就会离职。在没有指导，没有表扬，只有批评的环境中，基本没人会跟你干，你会发现自己慢慢地就成了“光杆司令”了。

指导员工，就是说给他听，做给他看，再逐步放手。其实，第二点与第一点有异曲同工之处，都是从指导开始，先教导，然后再放手让员工自己做。现在的员工，理解能力和学习能力相对来说是比较强的，你只要能够耐心指导，教他如何做好，再放手让他自己去做，基本上就不会有什么大问题了。切忌刚来就让员工自己干，到最后出了问题，也分不清到底是老板的责任还是员工的责任，这个时候，骂员工显然是不合适的。

优秀门店员工管理基本技巧

· 员工管理就是五分指导、三分表扬、二分批评
· 指导员工即说给他听，做给他看，再逐步放手
· 表扬批评员工是为了在店铺内部树立做事规则

表扬和批评员工是为了在店铺内部树立做事规则。也就是说，老板批评一个人，是为了树立规则；表扬一个人，也是为了树立规则。因此，要将正反两方面的规则树立起来，做到奖罚分明。

举个例子，一个员工为顾客服务得好，最终这个顾客非常满意，顾客反馈回来的也许是一面锦旗，一封感谢信，或者是一通打给老板的表扬电话，这时候老板应该怎么做呢？应该表扬并现金奖励这个被顾客表扬的员工！借此让整个团队的人都知道，公司和老板是鼓励这种行为的，任何员工做了这样的事都会得到奖励。老板要树立做事的规则，表扬值得鼓励的行为。当然有些明令禁止或触犯底线的行为一旦发生，也是必须要严肃处理的。

如果一个员工，一味跟顾客吵架，损害了顾客的利益，做出了有损公司形象的事，这样的事一旦发生，可不是小有惩戒那么简单，必须严肃处理，并且让所有人都知道。这么做的目的就是让所有员工都知道，

这种事不能做。员工接收到这个“教育”信号，知道这类事，公司、老板不提倡，以后不能做，就会引以为戒，通过“反面典型”，树立做事的反面规则。

其实就像教育小孩子一样，做得好给颗糖，下次他就会就继续这样做；做得不好，惩罚他 3 天不能吃糖了，他就会记住，这样的事以后不能做，会没糖吃。我教女儿的时候，其实也就是这个样子。有次她犯错误之后，我问她：“这件事情你做错了，必须要有惩罚，你觉得应该怎么办？”她说：“爸爸，那我一个星期不看动画片吧？”之后的一星期，她都没有动画片看。经过这件事之后，她再也没有犯过类似的错误。所以，不论是表扬还是批评，都是为了在店铺的内部树立做事的规则。

在中国有一句老话“杀一儆百”。其实，树立典范和杀一儆百在店面管理中有异曲同工之处。

3.4
留——薪酬激励

接下来，我们来探讨一下人员管理的第四个板块——“留”。“选”得好，“育”得好，“用”得好，还要“留”得下。

辛辛苦苦一手带教出来的好员工，最后留不住，这就比较痛苦了。我见过很多老板把一个员工培养好，甚至可以说培养优秀，最后因为三五百块钱的工资问题，要么转身走掉，要么与老板之间产生了嫌隙，心理上会有点儿不舒服，渐渐地越做越不开心，最终也逃不过辞职的结局。你一手带出来的员工走了，你并不是仅仅损失了一个员工而已，之前选拔、教带、培育的辛苦和努力也都付诸东流，并且如果他刚好跳槽到你的竞争对手那儿，那才真正是体会了一把为他人作嫁衣的“欲哭无泪”的痛。

在前面我们强调过，终端店面要想业绩稳定、持续上升，有一个非常重要的前提就是“团队能够稳定”，只有团队稳定，业绩才能持续稳定提升。所以，能否把员工留下来，就成为终端人员管理中一个最重要的话题。

如何让员工主动工作

在讲如何激励员工之前，我必须要先让大家搞明白两个理论，一个是“期望理论”，一个是“双因素理论”。

期望理论

所谓期望理论，通俗地讲就是一个人做事情是不是积极，完全取决于他做这件事情的难易程度和做完这件事情后的好处，所以，期望理论关乎团队的积极性。

我们来分析一下，为什么销售员在去谈某些顾客的时候会很积极？通常这种情况下，顾客成交难度不大，并且成交之后能拿很多提成。有些老板选择项目首要考虑的也是“投资回报率”高不高的问题，其实期望理论讲的就是投资与回报的关系。

> 期望理论
>
> 关乎团队积极性

一个项目如果投资 100 万，经营难度系数也不高，半年之后就能获取 200 万的收益，这样的项目你愿不愿意投？肯定是愿意投的。但是如果我告诉你一个项目，投资 10 万能赚 12 万，也很容易做，你投不投？一般的老板都会选择不投，因为 2 万的利润太少了。可是如果投资 1000 万，能赚 1500 万，你投不投？也不一定投，因为风险太大。收获的利益和需要承担的风险之间需要找寻一个平衡点。

其实，影响所有人做事积极程度的因素不外乎两点，第一，事情的难易程度（付出）；第二，回报有多少（回报）。如果投入太大、难度太高，不做；如果回报太低，时间太久，也不做。所以，我们在给团队、员工定目标、定指标的时候，期望理论是一个非常重要的基础理论。

举个例子，如果你的店面一个月的营业额是 30 ~ 50 万之间，有一天你突然告诉店长："如果你这个月做到 100 万，全店奖励 2 万元。"仅看这个结果，2 万元的奖金还算不错的激励，按道理员工应该积极的，但是从 30 ~ 50 万的业绩翻倍做到 100 万，即使举全店之力拼一个月，也不一定能完成，既然是不可能完成的目标，激励奖金再多也没有任何意义。当目标完成的可能性太低时，员工对任何奖励都会丧失期望。

所有老板在做人员管理、激励的时候需要考虑两点：一是事情达成的难易程度以及员工付出的成本；二是员工达成结果之后得到的最终回报。如果事情太难或者回报太小，员工都不会有积极性去做这件事。定指标、安排工作、分任务都是一样的道理，小投入大回报的事当然会让人主动又积极，最怕投入太多回报太少或者目标实在难以达成，回报再高也没有意义。例如，如果有人让你把长城贴满瓷砖，然后给你两个亿，你做吗？不做，因为这件事本身就不靠谱。

双因素理论

双因素理论主要包含两个因素：保健因素和激励因素。

一个人对公司满意不满意，直接受保健因素的影响。如果公司希望员工满意度高，就要重点改善和提升保健因素。一个团队只有具备了保健因素，员工的满意度才会高。比如说工作环境不好，员工不会满意，但是工作环境好员工就很满意。如果工资一成不变，员工可能就没有那么高的积极性，但是如果工资考核方式变了，员工努力之后能拿到更高的收益，员工的积极性就会很高。这种现象告诉我们一个道理，"满意的反面不是不满意，而是没有不满意；不满意的反面也不是满意，而是没有满意"，也就是说满意与不满意不再是对立的。

双因素理论还可以得出另外一个非常重要的结论，让员工真正能够满意并有激励效果的因素，基本上是和工作同时发生的。比如说，工作完成之后的认可，工作过程中的赞美，工作过程中的体验，老板额外的关照、刻意的培养，等等。这些因素一般都可以使员工受到激励，变得比较开心。

跟工作没有直接关系的一些因素如果解决了，员工的不满意就会变少，就会变得比较积极，比如工作环境、上下级关系、内部关系、员工餐、基本福利等，这些都是保健因素。

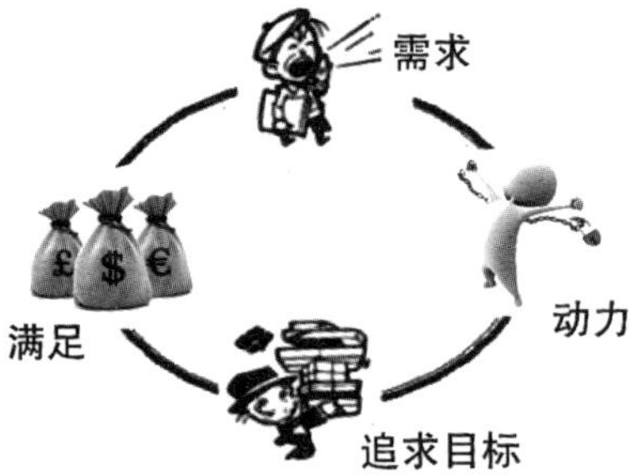

双因素理论关乎店铺满意

所有做销售的同事都有同样的经历，在签单的那一瞬间，最令自己高兴的不是收获提成和奖励，而是那种签单之后的成就感。上一章我一直强调优秀的销售人员一定要有强烈的企图心，要有对成功、成就的强烈欲望。成就是员工自我激励的最好方式。然后更加认可工作内容、责任进一步成长等等，这些因素叫激励因素。

双因素理论影响店铺的满意程度，团队对老板的满意度，基本上取决于保健因素。但员工的积极程度，是由激励因素决定的。比如说，公司政策好、工作环境好、私人关系比较融洽，跟老板关系比较融洽，这些因素处理得好，员工工作就会比较满意。但满意和积极是两回事，老板想要的并不只是员工的满意，更重要的是员工对于工作的积极性。所以，激励因素，可以让员工受到激励，变得积极；保健因素会让员工满意，由此变得稳定，二者缺一不可。

大部分员工工作时首要考虑的是基本的收入状况即薪酬。那么，除此之外还有什么能够激励他们对工作变得积极呢？认可、头衔、指导、培训、额外责任、重点管理等，这些都可以起到激励员工的作用。

如果你的一个员工把一件事做完，也确实做得不错，一定要及时对员工的表现给予认可，因为所有人内心都渴望得到认可。就好像大家经常在朋友圈发自拍，希望获得点赞和评论一样，这都是出于一种希望获得认可的心态。

有一个做家居生意的老板，对激励员工毫无头绪，他来咨询过我，我建议他给每个员工一个头衔。回去后他就让店里的员工分别担任了学习委员、生活委员、纪律委员、文艺委员，每个人都要管一摊事。头衔会让员工觉得自己肩负的责任不一样了，增加了他的存在感，提升了他的自我认知。

指导，特别是额外的指导，更能激励员工。培训也可以起到类似的作用。

额外责任在不知不觉中对员工起到了激励作用。记得我刚参加工作没多久，在很短的时间内就成为公司总经理的助理，我这个职位的核心职能是协助总经理做好公司零售店的日常运营管理，并且兼管培训。但是由于岗位特殊，除了采购和财务，其他所有部门的工作我都参与，经常到凌晨时，我还在审核公司新店的装修图纸。那时候很多人叫我“超哥"，总说："超哥，实在太累了，天天这么干不行。"但是我乐在其中，因为我觉得公司能让我参与这么重要的事儿，太看得起我了！这是我的切身感受，额外责任对我工作的激励非常明显。

一个普通员工，如果他不是店长，但你把一些需要店长做的事儿交给他，并且告诉他"我相信你一定能干好"，这个时候员工的内心会怎么想？一定是"老板太看重我了""我一定要把这事儿办完、办好"。

在工作中，要让员工感觉到你很重视他。如果你跟一个员工说，"这件事我只跟你讲过，其他人我都没讲""你是这批进来的 5 个人中我最看好的"，也许老板的这番话不仅对一个员工说过，对跟你同时进入公司的另外 4 个员工也说过，但是这些话会给予员工莫大的成就感和被认可感，对于激励员工努力工作是非常有效的。

以上是我总结的几个激励员工工作的小技巧。认可、头衔、指导、培训、额外责任、重点管理，不需要多花一分钱，只要让员工能够感觉到老板或者管理团队的关怀和支持，就能提高员工工作的积极性。

杰克·韦尔奇在通用做CEO的时候，他能够记住整个通用所有高层管理团队的姓名。通用全球所有的高管人数可不是一个小数目，但杰克·韦尔奇不仅能够全部记住，每次见面的时候还能直接叫出对方的名字来。对通用这样庞大的集团来说，一个员工能被CEO直接叫出名字是一件很荣耀的事，这其中包含着莫大的认可和尊重。

据说松下幸之助先生在管理团队的时候，会单独写个小纸条递给干得好的员工，这对于普通员工来说是多么大的认可与激励啊！"我居然能收到松下先生单独给我写的小纸条！"那是一种怎样的感觉？惊讶、欣喜，付出的努力收获了认可，进而更加努力工作。

可是，反观现在很多家居建材店的老板，员工做得好，连一句表扬的话都没有。因为你从内心深处就觉得，我给他发工资，他卖货是应该的，干得不好才不应该。当然是应该的，老板与员工之间本来就是劳动价值的交换，可交换的不仅仅是工资和物质上的收入，也包括精神与技能上的收获。如果一个员工一直得不到老板的认可、得不到物质之外的鼓励，优秀的员工，渐渐地也就干得没那么起劲了，因为在老板的眼中，做得好与不好都是一样的。

分钱是个技术活

对所有经销商来说，分钱都是个技术活，是难于上青天的技术活。经常有经销商对我说：我给的钱不少，可员工就是没感觉；刚开始挺好的，员工积极性也不错，可过段时间就不如从前了。怎样设计薪酬机制，才能让自己的薪酬制度既有激励性，又能控制在合理范围呢？

无论是日常管理还是长期激励，员工的薪酬都起着非常重要的作用。人力资源管理的教科书讲了很多薪酬的作用，讲得很好、很全，不过我们运用起来可能有一定的难度。根据从事管理、咨询服务工作的多年经历，我将薪酬的作用提炼为两点：一是肯定过去，二是鼓励未来。所谓肯定过去，指的是一个员工今天得到的工资收入是由他过去的表现决定的，我们支付的工资水平要充分考虑一个员工过去工作的表现。至于鼓励未来，强调的是薪酬要具有激励性。我们支付的工资水平既要考虑到员工的潜力，也要引导员工通过努力取得更高的回报。

员工薪酬机制的设计主要考虑三个原则：公平性、激励性、可控性。

公平性指薪酬的支付水平要做到内外公平，既要跟市场上同岗位的平均水平相当，又要充分体现公司内部的多劳多得。激励性指一个好的薪酬制度，一定要能成为员工努力的无形推手、激励员工不断前进。至于可控性，则主要是指员工薪酬的总量可控，不能超过我们正常经营能承受的范围。我们在制定薪酬机制时千万不能一味考虑公平与激励，而不顾总量是不是在可控范围内，否则有可能让我们的经营压力过大，让生意无以为继。

底薪、提成这样发

销售团队的薪酬结构，主要由两部分组成：固定部分和可变部分。

固定部分，指的是员工固定的周期性收益。每月固定发的部分，最主要的就是底薪。工龄工资和交通、住房等各方面的补贴，基本上都是固定的，我们把这部分统称为底薪。近两年，网络上有一种非常流行的说法，“员工底薪是给那些饿不死又干不出业绩的人，是给那些养老的人，是给那些贪图安逸的人，优秀员工都不要底薪，好的老板也不需要给员工发底薪或者是发高的底薪。”关于这条信息，很多人转发，我在自己的朋友圈也看到过，至少数百个经销商朋友都转发了。当时，我看完之后的第一感觉就是：害人不浅。为这事我还专门写了一篇文章，“不给员工发底薪的老板不是好老板，不给员工发底薪的老板都是耍流氓”。底薪不仅要发，还要合理发放，为什么？看完我接下来的解释，你就明白了。

底薪的作用

第一，底薪能给员工安全感。

所有员工都渴望工作有安全感。怎样才能有安全感呢？最重要的就是每月能有固定的预期收入，因为员工要解决衣食住行，要养家糊口。对销售人员来说，预期收入最可靠的是固定部分，而不是提成部分，因为影响业绩的因素太多。在面试新员工的过程中，你见过哪个员工问老板，“我干一个月能拿多少钱？”很少。绝大部分员工问的是，“我们的底薪是多少钱？”员工为什么问底薪，因为底薪是不变的，而提成是可变的。对于可变的提成部分，受业绩的影响，业绩不稳定的，提成自然也就不稳定，固定的才是最安全的，所以底薪能解决员工的安全感。

第二，底薪是对员工能力的基本肯定。

其实大家只要稍微换位思考一下就能明白，如果连基本的底薪都保障不了，员工又如何能够安心工作？人民币虽然是“万恶的”，但是它能让员工感知到你的认可和尊重。发工资有两个出发点，第一是对过去的肯定，第二是对未来的期许。底薪是对这两点最好的体现，它是对过去最好的肯定，也是对未来最好的期许和期望。当然了，额外的奖励也是不可或缺的。

底薪到底应该怎么发呢？

选择高底薪还是低底薪，主要取决于你的产品定位和你所在城市的平均工资水平。如果你所在城市的平均工资水平都比较高，你的底薪也不能太低。如果你的产品定位是比较高的，那你的底薪也应该比同行略高一点。

高底薪&低底薪

在底薪的具体发放上，我给大家的建议是分级。结合我从事终端运营管理 10 年的经验，我建议员工的底薪应该分成三到四级。对单个经销商来说，员工晋升的可能性比较小，也就是说晋升通道有限，在晋升通道有限的情况下，如何让员工获得直接的激励呢？那就是职务虽然不能晋级，但是工资可以晋级。比如说导购和店长的工资都可以分成三到四级。只要表现好，综合素质和业绩能力有所提升，就可以提高工资的级别。内部管理得好，团队氛围好，才更容易让顾客满意。

告诉大家一个小诀窍，底薪能帮你顺利解决招聘人员质量的问题。如果你的底薪高一点，你在人才市场挑人和筛选人的时候就已经有了第一手的优势。因为这样能给应聘的人一种感觉，底薪这么高，公司也一定不会差，优秀的人就会首先考虑你。如果你给出的底薪比较低，从人才入口上就不能跟对手站在同一起跑线上，这会让你变得比较被动。所以，底薪应该有竞争力。

如果你品牌的定位是中高端的，我建议底薪要比同行的平均水平高

15%左右，这15%的薪资优势，会让你在人才市场上在吸引新员工方面有着完全不一样的竞争力。底薪是固定的，是对一个员工能力的认可，也是对生活最基本的保障，所以一个销售员工，在应聘时第一个问的不是提成怎么算，而是：我的底薪是多少？

如何发放提成

提成主要有两种：一种是“合提”，一种是“个提”（当然也有混合使用的）。二者各有各的优势，但二者使用的时机还是有所区别的。到底什么时候该用合提，什么时候该用个提呢？这一点很重要。

合提&个提

什么时候适合用个提呢？新开的店，团队不稳定，业绩不稳定，人员能力参差不齐时，我建议大家用个提。因为这个时候我们需要的是结果，不管白猫黑猫，能抓到耗子就是好猫。导购只要能够成交、能够抓单就是好导购，你就应该让他拿高提成。这个时候就应该用个提，让所有人快速冲起来，冲不起来的就自动淘汰，然后迅速补充新鲜血液。因此，当你的团队不稳、业绩不稳，人员能力参差不齐，需要快速冲击业绩、快速成交的时候，应该用个提。

什么时候用合提呢？当你开店有一段时间了，团队相对比较稳定，人员业务水平也差不多，这个时候可以考虑用合提。因为合提更有利于员工的团结，有利于提升内部管理。这时最重要的不是单个顾客的成交，而是店面的整体提升。所以，当员工比较稳定、团队比较稳定，能力、业绩都比较均衡的时候，就可以考虑用合提，这样更利于团队管理。

个提能让员工个人冲劲十足，优秀的人会变得更优秀，不优秀的人可能就留不住，大浪淘沙，让该走的走，该留的留。而合提，人员、团队都比较融洽、稳定，这个时候销售业绩之间不会有太大的差距，因为大家关系比较好，所以即使相互之间业绩有细微的差距，最后拿一样钱，也不会产生大的矛盾。

当然，如果大家觉得这样还是会有问题，那完全可以在后期把个提与合提加起来用，大合提小个提或者大个提小合提。

到底提成该给多少呢？还是那句话，这需要看你所在城市的工资水平，不管是个提还是合提，我都建议大家，一定要经过提前测算。很多老板的薪资绩效是没有经过测算的，这就会导致一种状况，如果员工的销售业绩突然提高，相应的提成也会翻倍，这时老板就会觉得员工的工资太高了。

因此，我们的工资、薪酬一定要是可控的。只要我们的薪酬是可控的，可预见的，高和低没关系，只要你定了，该给员工多少就是给多少，之所以会强调薪酬的测算，就是为了能够做到工资、绩效总量可控。

还有一些因素需要考虑。比如工龄、员工对顾客的服务水平、团队的整体业绩完成情况等，这些因素都可以在提成计算或者底薪分级的时候进行考核。

我给大家举个例子。很多老板到年底都会给自己的员工或团队发一个年终奖励，金额一般不会太小。我有一个朋友，年底给店长一次性发了 12000 元的奖励，店长很高兴。于是我问他：“你一次发 12000 元，店长很高兴。你有没有想过另外一个方式，就是把 12000 元分成 4 次，每个季度发 3000 元。你觉得是一次发 12000 元好呢？还是分 4 次发，每次发 3000 元好？”

他当时第一反应是“一次发 12000 元好”，员工有感觉，拿在手上沉甸甸的。于是我帮他分析了分次发的好处：1 月份发完年终奖，店长会兴奋多久？即使再大的激励，也会有时效性。一次给他发了一万多块钱，他高兴。但是能高兴多久？过个年，再过个“3 · 15”，激励也就淡了。可是如果你把 12000 元分成 4 次发，每次发 3000 元，你会发现每次的激励也不算小，而且还有 4 次机会，能达到持续激励的效果。即使每次激励效果持续的时间没有直接发 12000 元长久，但是 4 次激励加在一起，就能最大限度地发挥激励的效果。

对员工来说，发多少钱固然重要，但是比发多少钱更重要的是钱怎么发。

给员工发工资也是一样的，一次发 3000 元，一定比把 4 次集中在一起，一次发 12000 元的激励作用更大。还有一点需要强调，如果是发奖励，在有可能的条件下建议直接发现金。虽然现在转账很方便，微信、支付宝或者银行转账都很便利，但是虚拟的支付让人少了一种感觉，一种仪式感。钱这个东西，不拿在手上是没感觉的。一个 888 元的微信转账，收着高兴，但拿着 888 元红彤彤的现金红包显然会更高兴。发 12000 元的奖励，固然是可以直接转账的，但是如果是 12000 元的现金红包，装在一个信封里，看着就很厚，打开是一叠新钱，激励效果就完全不一样。注意，钱的新和旧对员工来说也是不一样的，作为奖励，还是建议用新钱，这些东西都是有小技巧的。

对员工来说，发多少钱固然重要，但比这更重要的是钱怎么发，而且多次激励一定比单次激励效果好。我的一个朋友在一家德资企业，工资发放是周薪制，一周发一次，一个月领 4 次工资，你说他开心不开心？一般大家都是周末开心，周一最难过，因为要上班了，然而他恰恰相反，他期待周一，因为周一上班要发工资，这是多令人开心的事。

发钱和分钱是所有老板、所有管理者都必须要研究的永恒的话题。基本上钱分得好，你的团队管理也就更容易。

04
PART

销售管理：
用精细运营打造最强终端

4.1 有目标才能有销量

即便是国家，也会定期制订五年计划。所有团队也都会制定目标。因此，我们个人也需要定一个目标，比如，我今年给自己定的目标是“到年底要看30本家具建材营销方面的书籍，把一些事按部就班地做完”。

可是，目标到底该如何制定？如何分解？这些问题很多人并没有细想过。很多老板所谓的目标基本上都是一拍脑袋定出来的。去年干了500万，就觉得今年搞个600万没问题；别人去年做了800万，我应该也没问题。这种一拍脑袋定出来的目标，参考样本单一，根本不具备普适性，所以，这样的目标是存在很大问题的。

看得见、够得着才是目标

目标一定要看得见、够得着。

在讲期望理论的时候跟大家讲过，当一件事情不容易完成或者基本没有希望完成的时候，你就不会再努力了。就像参加高考的学生，谁不想考清华、北大，但是每个人都应该认清事实。如果你奋力一搏之后得到的成绩，最多也只能考个二本，那么将清华、北大作为目标无异于自掘坟墓，正确的做法就是把目标定一个还算靠谱的二本院校。

店面业绩也是一样。如果去年5月做了30万，今年5月将目标定位调整到40万、45万都可以，但是如果将目标定到60万，也就是去年5月业绩的两倍，员工会怎么想？“老板你是不是疯了，这怎么可能？即便我们集体累吐血也是完不成60万的，既然完不成，就拿不到奖励，那还不如不拼了”，这是典型的“破罐子破摔”的心态。所以，定目标首要的原则就是，一定要定一个能够“够得着”的目标。

目标一定要看得见、够得着

才能成为一个有效的目标，

才会形成动力，帮助员工获得自己想要的结果！

目标并非命运，而是方向；目标并非命令，而是承诺！

有一个著名的心理学试验：猴子和香蕉。

实验者一开始，把香蕉吊得很高，猴子够不着，但是猴子很执着，每次一看到香蕉就会跳起来够，连续跳了N次之后，依然没有碰到那些被吊起来的香蕉，于是，它终于放弃了。后来，实验者把吊香蕉的高度降低了很多，低到猴子轻轻一跳就能够到，但是猴子没有任何反应，它不再跳了。为什么？

前期的努力没有得到结果，这只猴子认定了“跳起来也够不着香蕉”，它对得到香蕉没有了“期望”，于是便不再努力了。

这个实验告诉诸位家居建材行业的经销商老板们，当你定的目标太高、太远，让员工觉得够不着的时候，会让他们形成一种认识：这个目标根本实现不了。对于无望的事情，人们总是缺乏积极性，员工、团队自然也不会为之拼搏。

只有看得见、摸得到、够得着的目标，才能成为一个有效的目标，才能形成动力，帮助员工获得自己想要的结果。目标足够现实，完成之后还有回报，这样才能提高员工的积极性。

前面在讲期望理论的时候特别提醒过大家：目标并非命令而是方向，目标并非命令而是承诺。要想把目标变成方向，变成承诺，目标制定的过程一定要是自下而上的，只有层层往上才是承诺，如果是层层往下就变成命令了。“承诺”与“命令”二者谁更能激发员工和团队跟着公司一起向前冲，去完成目标，达成结果？显然是“承诺”，而非“命令”，所以，只有自下而上地制定目标，才能帮助老板们更好地把控方向，获得员工的承诺，进而更好地实现目标。

目标制定自下而上

问大家一个问题：究竟哪些因素会对店铺业绩目标的制定产生影响？店铺业绩目标的具体内容又该如何制定？

首先，要明确目标的制定主要是针对商场店铺次年的销售目标。你一定注意到我所讲的目标，基本上是按照年来制定的。如果是季度目标、月度目标、周目标，甚至是每天的目标，这些不能称为定目标，应该叫作目标分解。目标分解基本上就是把大目标分解成小周期、小目标。我们定目标的基本周期是“年”，半年的目标制定也顶多算是目标的调整。

其次，要考虑店铺在目标市场的发展策略。如果你在这个市场属于垄断地位或者处于优势地位，那你的目标就要高一点；如果你是为了冲击市场，快速提升自己，那你的目标可以低一点；如果你是要快速扩张，目标就要定得更大。

最后，考虑店铺具体的数量拓展，及“店铺拓展升级调整计划”。计划不同，需要设定的目标肯定不一样。

什么是“店铺拓展升级调整计划”？比如，你想要开几个店？一个、两个，还是更多？就一个店面而言，你是想要装修、升级还是想扩大店面？

一个200平方米的店面，一年营收500万，如果今年将店面面积扩大到300平方米，试想一下店面的营收应该达到多少？500万？750万？这个数据不是随口说出来的，必须有分析和测算，其中最重要的一点是，将店铺的盈亏平衡点作为思考底线。

目标制定

合理制定商场/店铺次年的销售目标：

①店铺在此市场的发展策略；

②店铺拓展、升级、调整的计划；

③以店铺“盈亏平衡点”作底线思考。

目标制定自下而上！

有的人定目标，从起点开始就是亏钱的。但是我想强调一个原则：不管生意多差、店面有多不好，最低底线都是达到盈亏平衡。

比如说，一个100平方米的店，卖15万可以自负盈亏，那这15万就是底线，你的目标至少要从15万开始考虑，绝对不能低于15万。如果你定的目标就是不赚钱，那目标定下来还有什么意义呢？所以盈亏平衡点是我们制定目标的底线，同时，在定目标的时候除了考虑上面提到的三点，还需要考虑你店面过往的销售数据。

其实，所有目标的制定都会涉及对过往销售数据的分析，可是问题来了，分析自己的销售数据是不是就一定具有参考价值？答案是不一定。所以，我们不仅要分析自己过往的销售数据，还要分析竞争对手过往的销售数据。一般来说，要把同品类、同定位销售第一的产品作为你定目标的重点参考对象，因为不同品类，或者同品类档次相差很远的产品之间不具备可比性，一个一般的品牌和一个纯进口的高端品牌在目标的制定上显然是不同的。定目标还需要考虑你的人员、店面、团队等，这样才能保证你最终制定的目标是可行的。

很多人都经历过制定目标，程序基本上都是自上而下的，公司定完了目标之后，通知下面的人，今年的目标已经定好了。

很多老板定完目标之后，告诉自己的店长和员工今年目标业绩是多少，我们每个月要完成多少，每个人要负责做多少。此时，店长和员工处于被通知的状态，听到这样的话，员工会想什么？这不是在定计划，这是老板的命令，命令我们每月、每天，都要按照老板下达的指标来完成业绩，这种传统的“自上而下”制定目标的方法，不仅不会激发员工的斗志，反而容易让他们产生逆反心理。所以，我们要换一种定目标的方式，那就是按照“自下而上”的原则制定目标。

如何“自下而上”地制定目标？就是先定个人目标，再定团队目标；先定月度目标，再定年度目标。由个人的目标推及到店面和公司层面上的目标。

自下而上定出的目标，是员工自己的承诺，而不是被老板告知的一个数据，每个人在制定自己目标的时候都是根据自身状况，多方面考虑之后才给出的，这个目标他们是有决心和信心完成的。这种情况下，员工的积极性相较于“自上而下”的命令式目标，是完全不同的。所以，用“自下而上”的方式定出来的目标，在执行方面的可操作性更强。

所以，除了考虑店面过往同期的销售数据，以及竞争对手的销售数据，还需要考虑目标制定的顺序，而且定目标的顺序是目标管理最终能否成功实现的关键。

目标分解自上而下

目标制定后，要进行目标分解，然后才是一步步落地执行。目标的制定要遵循“自下而上”的原则，那目标的分解又该遵循什么规律呢？

首先，我们要将目标分解到年度、季度、月度。

如何将目标分解到年度、季度、月度呢？我给大家推荐一种方法——“份数分解法”。也就是把月指标分解到个人指标，把月指标分解到周、分解到日，把月指标分解到班次、分解到个人。

对于家居建材行业而言，我并不建议大家把指标分解到日，但至少可以分解到周。为什么？第一，销售周期比较长。家居建材行业的顾客并不是一次、两次就可以成交的，很难准确判断一个顾客到底明天能成交还是后天能成交。第二，进店人数太低。有的时候一天也不一定有一个顾客进店。所以，如果把目标分解到天，对于家居建材行业而言可操作性并不强。

我建议大家，可以先把公司的目标分解到每个品牌，每个品牌分解到每个店，每个店再分解到每个人，然后再分解到月、周。在分解目标的时候，我们还要考虑到竞争对手的情况，去年同期或者同比同期，还有一些特殊的元素也需要考虑，比如说产品、店面、团队、人员等。

其次，我们要知道定目标和分解目标完全是两码事。目标分解应该遵循“从上而下”的原则。

为什么制定目标是“从下往上”，而分解目标是“从上而下”呢？

一个公司，目标制定完了，明年公司总目标 2000 万。一共 4 个店，在开会分目标的时候，每个店都要认领明年的目标。

如果遵循“从下往上”的方式来分指标，你就会发现，每个人在领指标的时候会跟他口头承诺的数字有一点差距。刚开始拍着胸脯说“我能干600万”的人，最后给自己定的指标却是500万、480万，甚至是450万。如果每个人在认领目标的时候都比之前承诺的少了一些，最后会出现一个什么结果？2000万的目标最后剩几百万没人领。

目标分解

如何科学合理地分解销售指标：

*年度指标分解　*月度指标分解

份数分解法：

月指标——个人指标

月指标——周指标——日指标

日指标——班次指标——个人指标

目标分解自上而下！

如果你是老板，或者是销售总监，这个时候该怎么办？有的人可能会将最后剩余的任务平均分配给4个店面，这就意味着每个店长要多承担50万的业绩，这时候，店长就不爽了，“我都说了我只能干500万，你偏给我再加50万”。

自己主动承担的业绩是员工的承诺，但多加的50万就变成了命令，变成了强加，员工内心的抵触情绪可想而知。所以分指标的时候一定要“从上往下”分，没有商量的余地。

从上往下分解目标需要科学的数据测算，还要按照店面的实际情况进行目标分配。

每个人在定目标的时候都对自己比较自信，但真正要承担目标、分解目标时就会变得比较微观、比较理性。就像平常我们去买衣服，这件衣服喜欢吗？喜欢，所以找服务员拿合适的尺码来试，穿着也好看，自己也很喜欢的衣服，就想带回去，但最后在付钱的一瞬间绝大部分人都会有一闪而过的犹豫。这就是我们每个人做消费决策时的心理变化，刚开始做决策的时候我们是感兴趣，感兴趣本身是宏观，对自己是比较自信的，而真正付钱买回去的时候就会落实到微观层面，有没有鞋子搭配，和自己平时用的包包有没有颜色冲突，甚至会想到一些更细微的事情上。所以，当底下的团队或者员工在领取属于自己的分解目标时，不管他承诺的是多少，要先签责任状。

店长："老板，我今年干 600 万。"

老板："那按照你说的明天签 600 万的责任状。"

店长："老板，会不会有点多？要不 500 万吧，我觉得 600 万不一定完得成。"

这番对话，是不是有点熟悉？为什么前后差距会如此大？因为定目标的时候是从宏观出发的，没有想那么多细节的东西，是感性的。但是到签责任状的时候是比较理性的。

其实，顾客买东西也是一样的道理。看到一个沙发挺好，很喜欢，就想买回去，觉得这个沙发颜色好，皮质也好，款式自己也挺喜欢，觉得放到家里肯定效果也很好，这个时候顾客是感性的。但当真正付钱的时候，一个沙发 35000 元，是不是能打点折呢？店员算完之后说："打完折，32000 元。你是刷卡还是给现金呢？" 这个时候顾客的常用语一般都是："我再考虑考虑。"为什么？

因为真正付钱的时候，就会从感性回归理性。这个时候他就要思考，买这个沙发需要 32000 元，这 32000 元我还能干什么？万一沙发买回去，颜色不合适或者老婆不喜欢；万一什么地方出问题……一大堆具象的事儿就会扑面而来。

定目标也一样。自下而上定目标时，每个人相对感性、相对自信、相对高估自己。所以，基本上大家拍胸脯说自己能完成几百万目标的那一瞬间都是比较感性的。

定目标的时候一般是这样的：

如果一个老板问自己的员工："林超，明年能干多少？"

员工："100 万吧。"

老板："对你来说 100 万少了吧？"

员工："真的？那 120 万。"

老板："120 万就够了？"

员工："老板，我最多干 140 万。"

而分解目标的时候，却变成了这样：

老板："林超，明年干 140 万啊。"

员工："老板，140 万太多了。"

老板："那行吧，120 万。"

员工："120 万我估计也够呛，最多 100 万。"

所以制定目标和分解目标刚好相反，定目标要从下往上，而分目标要从上往下。如果分目标的时候你还从下往上，最后目标基本上分不完。

4.2
有跟进才有执行

决定营业额的四大要素

讲到目标的分解，必须要提到“店铺的业绩模型”。这个模型对于终端运营管理、经销商老板和经营管理者来说都是一个非常重要的模型。

不管你做什么品类、做什么店，最终影响营业额的因素只有两个，“购买客数”和“每客单价”。购买客数是有多少人买，强调人；每客单价是每个人花了多少钱，强调金额，这两个因素最终决定你的营业额。比如，有 20 位成交顾客，客单价是 2 万，营业额就是 40 万。同样还是这 20 个人，客单价变成 2.5 万，营业额就变成了 50 万。

而购买客数又受进店客数和购买率的影响。

进店客数

进店客数由人流量和进店率决定。人流量由什么决定？店面位置、商圈位置。进店率由什么决定？店面在商场的具体位置、店面的形象、产品的形象以及店面的氛围。之前，我一直强调店面位置，强调选址，强调形象、产品展示及店铺氛围，如果当时你的理解并不是很深刻，那现在这个店铺业绩模型能够帮你更好地参透其中的道理。

如果你在一个商场里最好的位置，这个位置每天的人流量大概是500人，那么这500人中，至少会有几十个人进入你的店面，这就是人流量大的好处。即使是很低的进店率，只要人流量大，进店人数依然会很多。

目标分解——善用店铺业绩模型

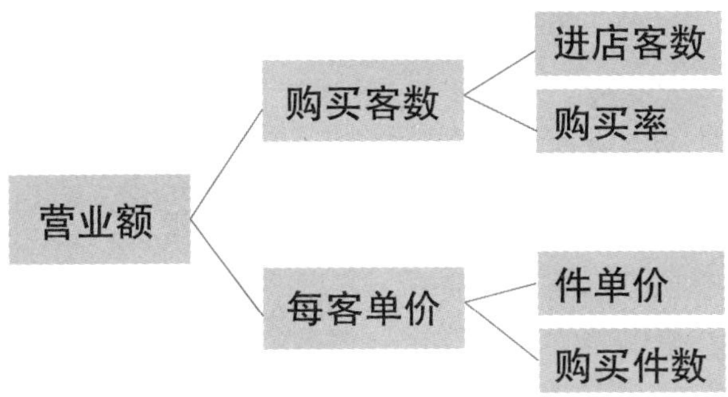

如果能够在人流量比较大的基础上，优化你的店面形象、店铺氛围，将内部细节做更好的呈现，就能有效地提高进店率。不同的商圈位置，人流量必定不同，就像同样是在北京，城外诚的人流量一定比北四环红星美凯龙的人流量大。

客人进店后有多少人购买，称为购买率。就家居建材行业来说，大部分品类的购买率在20% ~ 30%。这个行业的产品不是简单交流就能成交的，需要进行深度交流之后才会有成交。如果你的购买率低于20%，想要保证购买人数，就必须提升进店人数。如果你的进店人数不变，你想购买人数变多，购买率就需要提升。

“业绩分解模型”的第一个板块就是要解决“有多少人买”的问题，不仅要提高进店率，还需要提高购买率。

客单价

客单价由两个因素决定，每件单价和购买件数。如果你卖袜子，想要做一个大单，需要一次性批发多少双袜子？但是如果你卖沙发、进口马桶就不一样了，因为每个产品单价都很贵，所以“每件产品的单价”很重要。说实话，很多老板之所以会选择家具建材行业，也是因为它产品单价比较高，除了墙布、壁纸这些小品类，其他大部分品类的单价都上万，特别是定制产品。

一个顾客每单最终的成交金额，由件单价和购买件数决定。这也是很多商家推崇搭配、推崇大单和连单的原因，大单、连单的核心就在于让一个顾客多买几件。本来顾客只是来买沙发的，现在却把茶几、餐桌、餐椅都买了。最后导购还会问，沙发上要不要加垫子？加几个？靠枕还是抱枕？这样做的本质就在于对一个顾客进行多次成交。如此盛情又为顾客着想的导购，既能讨得顾客的欢心，还能提高客单价，相信老板也会很喜欢。

如果店面最终分下来，你一个月需要做 50 万的业绩。为了完成这个目标，你应该怎么做？

必须要清楚你平常的客单价是多少。如果平常的客单价是 2 万，那就意味着本月至少要成交 25 个顾客，并且保证顾客的平均客单价是 2 万，才能完成 50 万的业绩目标。如果不能将业绩目标分解到这个模型，业绩目标的完成就没有保障，完全拍胸脯凭感觉做事，肯定不靠谱。所以业绩最终一定要分解到这个模型：要成交多少个客人，客单价是多少。

如果最近发现商场的人流开始变少，进店的人数也随之下降，并且这种现象已经持续了一段时间了，这说明这个位置，这段时间的人流量可能受到了某些因素的影响。

当进店客人变少，我们又要完成相应业绩目标的情况下，可以通过两种方法实现。

第一，提高购买率。如果原来的购买率是25%，也就是说100个进店顾客成交25个。如果将购买率提高到30%，只要进店84人，依然能够保证购买人数不变。

第二，增加客单价。如果不能提高购买率，在客流量减少的情况下，如果依然保持原来2万的客单价，一定不能完成50万的业绩目标，所以这个时候，需要想办法增加客单价。比如成交客户量从25位缩减至20位，将每单的平均客单价提升到2.5万，最终也能保持50万业绩目标顺利完成。

我想提醒大家，其实提高客单价是提高单店业绩最有效的方法。为什么？

如果将50万的业绩提升到60万，相当于将目标提升20%，保持原来2万的客单价，就要增加5个成交用户，进店客户总数量就要增加25人，在人流量保持稳定的情况下增加25位进店客户，是不太容易的。虽然不太容易，但多增加25个进店顾客也是可以实现的，可是25位新客户会大幅度增加员工的沟通成本，会让他们觉得很累，因为要多做很多工作。但如果在原有2万客单价的基础上增加20%，将客单价变成2.5万甚至更多一点，就显得相对容易一些。

对单个顾客来说，一样的产品、一样的品牌，最后的成交价上浮20%～30%是没有那么敏感的。当顾客决定购买你的产品时，不管是一件还是两件，信任的问题已经解决了。虽然多花了一些钱，但是购买的东西确实是顾客自己需要的，不在你这里买，也要再花一些精力去别的店里挑选，既然信任你的产品，索性就都在你这里买了，也节约时间和精力。

顾客在物色产品的时候，内心对于产品的价格有一个可接受的范围。比如，买一套沙发，顾客的接受范围是1.5～2万之间，只要是顾客真心喜欢的产品，只要价格居于这个区间内，都是可以接受的。但是如果顾客本来想买一个1.2万左右的布艺沙发，你却花费大量的时间来向顾客推荐店里价值4万的真皮沙发，即使你的真皮沙发质量再好，也很难成交。为什么？首先是价格差距太大，一般人难以接受，另外需要布艺沙发的顾客和需要皮质沙发的顾客，他们家庭的装修风格一定相差很大，即便是你的介绍让顾客喜欢上了这款产品，最终成交的可能性也微乎其微。如果这个时候你推荐的是价格相对靠谱的布艺沙发，同时围绕沙发的边缘产品进行推荐，比如说靠垫、茶几、饰品之类的产品，只要搭配得当，性价比合适，顾客还是很愿意接受的。所以，提高客单价比增加进店人数或者是提高购买率更有可操作性。

想要提高客单价，不需要做活动，只需要将销售流程、销售道具、产品展示、销售话术等，每个环节都进行深入的研究，包括产品的搭配、销售的基本功，通过这些方式让同一个顾客买的东西变多，金额变高。

我买衣服的时候，经常会遇到一件变多件的情况。刚买完西装，售货员就问我要不要戴个领带？要不要配个衬衫？我有时候会随口说一句“拿来试一下吧”，如果试一下觉得还可以，就一起买了。同一位顾客，在获取顾客成本不变的情况下，就增加了营业额。

“一件变多件”的销售方式最常见的地方是超级市场（超市）。不管是沃尔玛还是家乐福，或者是其他小超市，收银台旁边放的全是一些随手可以拿，并且家里都用得上的小东西，比如说口香糖、巧克力。这些小东西最大的特点就是每家都能用，每个人都能用，如果让你特意走遍整个超市去挑选一盒巧克力或口香糖，你未必会费尽周折去找，除非有什么特殊用途，但是结账时随手带上一个就觉得很方便。虽然这些东西都是5元、10元的小金额，但是超市每天的人流量非常大，每个人都顺手带上一个5元、10元的小玩意儿，累计起来就是一个非常惊人的数字。

家居建材的终端销售也一样，在进店不变、购买率不变、每个顾客的获取成本不变的情况下，如果客单价增加10%～20%，营业额上就会呈现一笔漂亮的数字，同时，而且，这是在成本不变的情况下增加了收益，这笔订单的利润空间会更大，我们的边际收益也就更大。所以，不管你是做销售、做目标管理还是做业绩目标的分解，店面目标分解的模型都至关重要。

远离大锅饭误区

正如下面这张照片看到的，很多人在一起吃大锅饭。其实，大部分老板在做店铺目标分解的时候也容易进入一个误区——大锅饭。

目标分解的误区

如何理解“大锅饭”？比如，这个月要完成 40 万，店里面一共有 4 个导购，就每人 10 万；如果有 5 个导购，就每人 8 万，很多老板都是这么分的。

有人问：“顾老师，这么分有什么不对？你不是说要公平吗？”

公平是什么？我前面讲过，公平就是要坚持一个标准，但那主要是针对日常员工的管理，它更多的是一种制度。但是，真正到了分解目标的时候，这种公平就成了不公平，而且是很大的不公平。

4 个导购的能力是参差不齐的，每个导购指派 10 万的目标，之后只能出现一种结果：优秀的导购不够卖，不优秀的导购卖不够。

优秀的导购会很快完成目标，基本上在当月的20号就能完成10万，作为老板你仔细观察过就会发现，前面20天他能完成10万，但是后面10天，他只做了2万，是他不再优秀了吗？不是，只是目标的达成让他失去了努力的动力，他心里想的是："反正我已经超额完成任务了"。

而不优秀的导购会是什么状况？死活也完不成10万的目标。自信心受到了很大的打击，当一个无论如何也不可能完成的目标摆在一个人面前时，会让他完全丧失斗志。

同样是40万的业绩，同样是4个导购。给优秀的导购分配12万的目标，换来的结果是什么？到20号的时候，他完成了10万，剩余10天还剩2万的目标没有完成，最后10天会再冲一冲，可能一个月就能有13万的业绩。

一个新员工或者能力不太强的老员工，你给他分配8万的业绩目标，同样是20号的时间节点，他只完成了5万，剩下3万，10天的时间，对于他来讲还是有可能完成的。所以在后面的10天时间里他会比前面20天更努力，因为完成目标是有希望的，最终可能一个月不止完成8万。其实，每个人都想兑现自己的承诺，不仅仅是为了提成和工资。但是，如果最初给这些人定的是10万的业绩目标，到20号的时候，时间已经过去了三分之二，而业绩却只完成了一半，员工就会有放弃的想法："这个月是没希望了，下个月再继续努力吧。"一旦有了这种想法，努力的劲头就大大减弱了，最后可能只能完成6 ~ 7万。所以，业绩目标落实到个人时，必须因人而异。

如果大家做过销售或者对销售有一定的了解，就会知道：很多优秀的销售人员到月底的时候，会故意把顾客压着不成交，留到下个月再成交。在本月业绩已经完成的情况下，他们担心的是下个月业绩的完成情况，并且对顾客来说，买家居、买建材，很多时候可能早一天晚一天并没有太大影响。因此，员工就会想着下个月再签单成交，这样下个月自己就不会有太大压力。

对于这种现象，不知道众位经销商老板怎么想，但是我必须要提醒大家，收钱这个事儿，能早上收就不下午收，能今天收就不明天收。成交这件事，不能放，一放就有可能凉了，你的顾客就成了别人的顾客。

所以我建议大家，优秀的导购就应该承担更多的业绩，而能力差一点的老员工或者新员工就应该相对减少一些，如果长时间处于业绩完不成的状态，会更打击员工的积极性，最终形成恶性循环。同理，一个优秀的导购长期处在轻易完成目标的状态，就会变得不思进取，影响他个人能力的施展。当目标变得“So easy”，谁还会去努力成长呢？所以分目标的时候，最大的误区也是最大的忌讳就是“大锅饭”。因为“大锅饭”看似公平，在目标分配的时候却是不人道、不合理的，不仅不能激励员工更积极地去工作，甚至会起反面效果。

目标的跟进与调整

建立好销售的店面业绩分解模型后，就需要对销售目标进行跟进和执行。

猎人带着三只猎狗去打猎，三只猎狗正在追一只土拨鼠，土拨鼠钻进了一个树洞。这只树洞只有一个出口，可不一会儿，从树洞里钻出一只兔子。兔子飞快地向前跑，并爬上一棵大树。兔子在树上，仓皇中没站稳，掉了下来，砸晕了正仰头看的三只猎狗，最后，兔子终于逃脱了。

读完这个故事，你是不是觉得这三只猎狗的运气太差，最后还被兔子砸晕了，是不是更冤？可是我们都忘了一个事情，三只猎狗原本是去追土拨鼠的。那么，问题来了，土拨鼠究竟去哪儿了？

很多店在业绩跟进和目标管理上存在同样的问题，定了目标，也去跟进目标了，但是最后做着做着发现原本的目标早就忘记了。

销售目标的跟进

目标分解到店、分解到个人以后该怎么办？老板、店长就可以什么都不管了吗？

现在很多老板都在忙着定目标、分解目标，但是目标分解完之后就不管了。我上大学的时候，有一本书很火——《把信送给加西亚》。

故事发生在美西战争（美国跟西班牙打仗）期间，美国的统帅要把一份装有军事情报的信，送到他的盟友加西亚将军手上。加西亚将军的具体位置在哪？没有人知道。唯一知道的是他在古巴北部丛林的大山里面。这是一项艰巨的任务，在没有手机、没有微信，只能靠信件远程沟通的年代，必须派一个可靠的人去完成这项任务。统帅发问："谁能完成这个工作？"有个叫罗文的人，自告奋勇地站起来说："我可以。"于是，这个任务就交给了罗文。经过千辛万苦，罗文终于把这封信送到了加西亚将军的手上，最终美国取得了美西战争的胜利。

很多人看完这本书之后都觉得，这个罗文太厉害了，简直就是执行力的典范。当然，从执行力的角度来讲，罗文是没有问题的，元帅、加西亚将军也没有问题，最终也取得好的成果。但是，如果从目标管理、销售跟进的角度来讲，这故事简直太坑了。为什么？

元帅只告诉罗文，加西亚将军在古巴北部的某个山区里，意思很明了："我不知道他在哪儿，你自己去找。"这么不靠谱的任务，罗文死掉的概率绝对比活下来的概率要高。不是被敌人抓到、杀掉，就是被路上的猛兽吃掉。就算到了古巴北部，山里那么大，怎么找到加西亚将军？我可以很负责任地说安排这项任务的元帅"完全不负责任"，虽然这在当时是没办法的事，但是放在现在就是不负责任。终端店面销售目标的管理绝对不能这样，没有任何补给，没有任何支撑，就让员工自己上。

所以，在员工认领目标之后，老板都需要跟进、帮助和辅导。我接下来就跟大家分享一下跟进的具体的策略及措施。

具体策略及其措施

· **重点梳理关键点：**

紧抓目标展开相关的工作

策略定位——战术制定——具体措施

店铺晨会、夕会

· **提升业绩的两个关键手段：**

增量市场的开发——拓展新店铺

同量市场的深挖——提升单店业绩

第一，重点梳理关键点。

什么是关键点？就是紧抓目标展开相关工作。比如说，按照现在的条件，我们要派一个人到很远的地方送信。就要展开一系列相关工作：通信设施，卫星电话；体能补给，压缩食品；行走路线，备好地图；补给和联系人员。

现在，每个店每年都会有很多场活动，每场活动也都会制定相应的目标，定完目标之后还要分解目标，然而定目标、分解目标都不是重点，重点是每个目标怎么跟进，怎么落实执行。这个时候就需要我们进行策略定位，并以此为依据制定相关的战术和具体措施。

比如说，我们把月度目标定为 60 万，如何实现？用什么支撑这个目标？需要什么样的支持？以什么做保障？以往一个月只能做 50 万，现在要做 60 万，那多出来的 10 万怎么完成？按照前面我们讲的店铺业绩模型来看，有三种办法：第一种，吸引更多的人来店里；第二种，在现有进客量的基础上提高购买率；第三种，让每个成交的顾客买更多的东西，尽可能提高客单价。

如何增加进店人数？如何提高购买率？如何提高客单价？你必须要有战术、有措施。

在这里，我想强调一点。其实，在目标跟进的时候，店铺会议是非常重要的，不管是晨会还是夕会，都是店铺目标跟进和管控的重要手段。

第二，提升业绩的两个关键手段。

不管是单品牌多店，还是多品牌多店，提升业绩的方法主要有两个：一是增加市场的开发，拓展新店铺；二是对同样的市场进行深挖，提升单店业绩。

一些品牌对代理商每年都会进行考核，去年做 800 万，今年就要做 1000 万，营业额一下子提高了 20%，这个增长比例叫“市场增长”。

从 800 万到 1000 万，你必须思考的一个问题是：“这增加的 200 万从何而来？”究竟是用同量市场来完成还是用增量市场来完成？如果用同量市场完成，就意味着原来的店面，每个店都要提高业绩。如果用增量市场完成，那就是在原来店铺的基础上再多开店，因为新店不管经营如何，收入如何，就整体而言，都是新增加的业绩。

这是所有店面业绩增长的两个方向，一个是增量市场，一个是同量市场。对大部分经销商朋友来说，哪个更现实？自然是同量市场。新开店投入高，并且存在很大的风险，所以动不动就开店，很不现实！新开店还需要多方考量，比如，整体的市场容量、具体规划和战略布局等，包括前面讲到的选址，次级商圈、核心商圈的合理布局规划，所以，同量市场深挖是大多数经销商会做出的选择。

同量市场的增长就需要我们再次回归到店铺业绩模型，进店人数、购买率及客单价就是需要着重提升的。

销售目标的调整

目标制定了之后就不能更改、调整了吗？并不是。如何对销售目标适当地进行调整呢？

第一，时刻掌握员工个人的完成情况，时刻掌握整个团队的完成情况。

店铺的晨会、夕会、周会、月会必须按时召开，我一直在不断地强调会议，因为店面会议是我们保证目标最终得以落地、完成的一个非常重要的常态化手段。为什么要不断保障业绩的进度呢？

大家经常会遇到这种情况，店铺的业绩目标制定好，分解完之后，老板就觉得高枕无忧了，每天该吃吃、该喝喝，感觉一切都会顺风顺水地进行下去。到20号那天，把店长叫过来，问："这个月你干了多少啊？"店长战战兢兢地说："老板，到现在为止，店铺业绩25万多一点。"时间的进度条已经消耗了70%，但业绩只干了50%，进度完全没跟上。哪怕是完成70%也算是差得不多，来得及补救，如今差出这么一大截，最后10天想要完成25万，确实是有难度的。于是，店长就找到老板说："要不我们调整一下，最后10天冲15万。剩下的10万留到下个月一起补回来。"这个月都干不完，留到下个月能干完吗？

但是，如果我们把首次跟进目标的时间往前提，10号的时候，时间过了33%，如果这个时候店长汇报的业绩是25%，由于后面还有20天，时间充裕，是有机会通过调整战略和改善打法来追赶目标进度的。就算这个时候决定临时策划一场月底的小促销，都完全来得及。所以，要不断跟进员工个人的完成情况和整个团队的完成情况，通过表格、数据，对时间进度和业绩进度保持持续关注。

第二，根据市场的具体情况，对业绩进行内部调整。

什么是内部调整？

比如，你一共有4个店，这个月的目标要完成200万，4个店每个店认领的业绩都不尽相同，可能有的是40万、有的是60万、有的是50万。但是总会出现预料之外的状况，有个店花了一星期的时间闭店装修或者有个店因为商场修路影响了进店客流，最后极有可能会有20万完不成，这没完成的 20 万怎么办？此时就要进行内部调整。

请注意，我并没有说这些业绩就不要做了，而是进行内部调整。在达成目标的过程当中有一条重要原则：目标总量保持平衡，只增不减。除非真的是遇到天灾人祸，否则不管出于何种目的，都不要轻易降低你的业绩目标。

业绩目标不能降，只能增。为什么？

有些老板在目标跟进的过程中，当目标跟不上时间进度的时候，偶尔会动恻隐之心，心想目标偶尔减一点就减一点吧，可是到了最后你会发现，团队的业绩会陷入恶性循环，越减业绩完成得越少，越减越不能完成。所以，在店面业绩目标跟进的过程中，一定要在总目标“只增不减”的原则下，进行内部调整。实在没办法的情况下，这个月落下的目标，一定要在下个月追回来，保证全年的目标总量不变。

有的时候，员工都干得很好，超常发挥，到当月 20 号的时候已经完成了既定目标，这时候，老板可以为大家额外增加一部分“高奖励”的业绩目标。这样，员工在剩余的 10 天内依然会非常努力，当然能够获得比较不错的成绩，可能最后不仅完成了既定目标，还会超额完成，这种结果显然是很多老板非常乐见的。

作为老板，作为管理者如何协助我们的下属完成目标呢？

在目标制定、分解完之后，老板或者经营管理人员在协助团队完成目标的过程中有 5 点需要注意。

第一，适当授权。

什么是适当授权？有时候经常会听到一些基层员工抱怨：“老板只让我干活，让我承担责任，却不给我权力，也不给我好处，谁愿意干呀？”

这些虽然是抱怨的话，但非常值得老板深思。

家居建材行业的老板或管理者确实存在这方面的问题。在员工为目标冲锋陷阵的过程中，不能及时给予足够的支持。一个店长，上个月完成了50万的业绩，如果想让他这个月多卖10万，你就必须给予他更大的支持和授权。比如，增加5000元的运营经费，这笔钱可以拿来做推广，也可以拿来做顾客的反馈和激励，最终的落实可以由店长决定。

第二，提高下属的工作意愿。

我们都知道工作中主动的努力比被动的努力效果要好。

在销售管理的过程中，提高下属的工作意愿非常重要。不管你的业绩目标是多少，如果员工不愿意干，想要完成目标就有难度。因为所有的目标最终落到实处，都要落实到具体的员工身上。所以，要提高员工销售的工作意愿，让员工积极、主动地工作。

第三，给予下属支持和帮助。

给予下属足够的支持和帮助是助力目标完成的一个重要举措。要想马儿跑得好，先让马儿能吃饱。

管理经验丰富的老板经常会说一句话："这个月目标进展怎么样？最近有没有什么要我帮忙协调的？有需要我支持的记得第一时间告诉我。"

员工："老板，我们还真有两件事找你帮忙。最近你能不能帮我们去争取一下商场的那个广告位，还有最近的小区推广，需要和一些家装设计师合作，你能不能帮我们去公关一下×××设计师？"

其实，业内很多老板表面上经常会让员工有一个错误的认知：老板觉得我很能干，觉得我是万能的，我什么都能做。然而，事实是再能干的人都会有搞不定的时候，上面老板的这一问，作用就在于能够打破下属的心理防线，让下属开口提要求，这样才能让资源和能力得到更好的调用，最终一定有助于完成目标。

第四，实时交换意见。

老板与员工之间相互信任是一件很不错的事，但是想要完成任务或者目标，还需要市场的监督和二者之间的意见交换。

每月工作一段时间之后老板可以提出一些类似的问题，比如，"这个月活动已经做了几天了，你觉得这个活动进行得怎么样？有什么意见或者建议吗？哪些地方需要改善？如果有，你告诉我。”只要是一个认真做事的员工，都会有自己的想法，通过沟通，对活动进行改进和升级也就成了顺理成章的事。

老板需要和员工及时交换意见。因为老板不在战斗的最前线，对具体情况可能还没有员工、店长了解，这个时候，交换意见，就能不断得到一线最新的资料。

第五，及时适当的控制。

列宁说过一句话，“信任固然好，监督更重要”，什么意思？无论你多么信任自己的员工，授权的尺度有多大，控制和监督都是必要的。监督是为了让大家紧盯目标，路线不跑偏。如果一个员工是在月初出现了问题，及时调整、校正还来得及。如果月末才发现员工的打法和销售有问题，再想控制就已经来不及了。

如果看到员工一直在目标道上跑，可以进行适当的激励，如果看到员工跑错方向或者跑偏了，这个时候就要进行适当的干预和控制。监督控制可以说是管理最核心的职能。

4.3
统一思想，完成目标

店铺会议的分类及其目的

一般情况下，我们把店面的会议分为三种：商场、店铺的早会，中段跟进会，商场、店铺的晚会。当然，还有一些其他的会议，比如，月度会议和周会议。

其实所有会议的程序都是一样的，只要把每天的早会、晚会开明白，那么周会、月会也没什么难的，因为周会、月会与每天的早会、晚会没有本质上的变化，仅仅是量变多了，内容变多了。

如何把会开明白，是一个值得深思的问题，你首先需要思考开会的目的和意义。

大到500强企业、小到几个人的团队，各种大大小小的会议我们见过很多，却不知道其为何存在，所以，我们首先要弄明白一个问题：为什么要开会?

我问过很多人这个问题，答案各有不同。有的人说开会是为了调整状态，有的人说是为了鼓舞士气，还有一些人认为是为了统一目标，他们说得都对，但是却没有说到点子上。其实，开会无外乎两个目的：第一，统一思想；第二，完成目标。

1.商场/店铺早会
2.中段跟进会
3.商场/店铺晚会

各种会议的目的和意义所在?

杭州的G20会议大家还有印象吗？大家在一起统一一下思想，计划下一步实体经济怎么做，然后想想办法改善一下世界经济，提升一下区域影响，这些问题简单概括为一个中心思想就是：统一思想，完成目标。

所有的组织、团队甚至是国家，其开会的主要目的都是这两个。

三类会议的作用与具体流程

明确了开会的目的，下一步我们就需要了解一下各种会议的具体作用与内容。

早会的作用与内容

第一，订立目标达成共识。我们先来看一下下面的对话。

“为什么开早会？”

“为了鼓舞士气！”

“怎么开早会？”

“玩游戏。”

毫不客气地说，很多店现在的早会就只有一个功能了：鼓舞士气。每天早上我们为了唱歌而唱歌，为了玩游戏而玩游戏，最终就只剩下鼓舞士气，其他的三点都被淡忘了。开早会不仅是为了鼓舞士气，更重要的一点是订立目标和达成共识。

订立目标和达成共识的具体表现是什么？今天要卖多少？要接待多少顾客？服务要达到什么水平？还有哪些事情需要跟进、完成？简而言之，这个早会是来“订立目标”的。订立目标，是早会的第一个目的。

第二，提升技能。

开早会的时候，员工之间可以花 5 ~ 8 分钟对彼此的技能进行点评。指出需要提升和完善的地方，对优秀的表现加以表扬，这对于员工技能的提升是非常重要的。

早会的作用与内容

1.订立目标达成共识
2.提升技能
3.激励、鼓舞士气
4.传递资讯

在前面讲员工管理、学习和培训的时候，我也说过，对于一个单店来说，偶尔请一位老师来讨论案例，提点一下话术，研究一款产品，还是可以实现的。但是想要一个老师每天过来给员工讲课，是不现实的，这时候就需要店面能够自我学习。虽然在早会上仅仅是花几分钟，让员工分享一个成功的案例或者是一个失败的案例，这也是学习，也是培养，对员工来讲也是提升。

第三，激励、鼓舞士气。

根据重要程度，我将激励、鼓舞士气排在了第三位。

一日之计在于晨。如果从早上开始员工的状态就不好，士气不高，我们很难保质保量完成一天的工作，所以，要快速调动大家的状态，保证大家的激情。早会就是最合适的时机。

第四，传递资讯。

传递什么资讯？每个团队、店面的管理者，总会有一些信息是需要让员工周知的，总不能一个一个地去通知这些员工吧？统一传递，统一分享，在开会的时候完成信息的传达是最合适不过的。比如，关于品牌、工厂、公司、商场、店面的一些规章制度或一些活动政策，以及一些价格折扣的变化，都要通过会议来及时传递。

早会基本上就是这四个作用，如果在早会上能把这几个事情解决了，那就是一个成功的早会。

我们已经了解了成功的早会，错误的早会又是什么样的呢？

有的时候我们会发现，早会是按照这几点开的，顺序也没有问题，但是会议的效果就是不太好，大家的反应也不是特别积极。之所以会发生这种现象，根本原因是因为没有准备好。没有准备的早会，一般都开不好。

其实没有准备的早会很常见。有的时候，店长早上 9 点半开门，员工陆续到店，换上工服，开始打扫卫生，抹桌子、抹样品、拖地。店长一看墙上的时钟已经 10 点了，突然反应过来今天没开会，赶紧让大家停下手中的工作，聚集在一起开会。

这种情况下开早会，能有什么效果？能订立目标，能提升技能，能激励士气，还是能传递资讯？基本都不太可能实现。这个早会就变成了一个形式，完全为了开会而开会，完全是应付了事，会议带来的效果也一定差强人意。所以，早会一定要有准备，没有准备的早会一定是没有效果的。

晚会的作用与内容

晚会跟早会比起来，其实就少很多东西。早会与晚会相同之处在于，每个会议的内容第一点都与目标相关。前面我们在讲到目标执行、销售跟进的时候，反复强调过早会和晚会是保证目标落地、执行的最重要、也是最日常的方式。

晚会的作用与内容

1.总结目标完成情况
2.提升同事信心
3.感谢伙伴辛苦

第一，总结目标完成情况。

老板不可能随时抓着店长、员工问："你卖了多少？张三卖了多少？李四卖了多少？"但是开晚会的时候就不一样了，每个人都需要对自己当天的工作进度进行汇报。所以，晚会最核心的功能就是总结目标的完成情况。

第二，提升同事信心。

一天工作结束后，大家都很辛苦，有的人可能卖得不太好。如果晚会上大家相互鼓励"没关系，今天过去了，明天从头再来，调整好状态，明天好好干一把"，就可以帮助同事提高士气，提升信心。

第三，感谢伙伴辛苦。

在终端店面工作一天，不管有没有成交都是很辛苦的，如果店长能在大家忙碌了一天之后，对大家说一句："感谢大家辛苦，回去睡个好觉，明天以更好的状态让顾客成交。"员工听完之后会很温暖，所以感谢员工的辛苦是很重要的。

如果有的员工确实没干好，必须要批评，到底是在早上批评还是晚上批评？这里我强烈建议大家不要选择早上。早上批评，这个员工今天基本就废掉了，一天回不过神来。所以，到了非要批评的时候我建议大家晚上批评。这样，员工在被批评完之后，有一晚上的缓冲和消化时间，睡一觉，第二天早上的负面情绪会淡化很多。所以，员工实在做得不好需要提升的，留在晚上解决。

除了早会、晚会，还有一个会议很重要——终端跟进会。这个会议可能是大部分品牌或门店都不经常做的事。

对于终端店面而言，一天的工作时间最少也是 9 个小时，如果这 9 个小时中间没有一个会议来做梳理、跟进，员工的工作状态和思路就容易散乱。所以，我给大家一个建议，上班时间比较长的店面可以考虑开一个终端跟进会。

终端跟进会没有其他的目的，只是为了梳理目标、调整战略、继续往前冲。特别是在做活动或者在重大节假日的时候，必须要开终端跟进会。因为这个时候客流量比较大，员工每天接待的顾客比较多，如果不能及时调整目标，优化战略、战术和销售方法，你会损失很多顾客。

以上就是终端店铺会议的分类和目的。早会、晚会、终端跟进会各有其作用和内容，都是店面日常跟进目标、落地执行的重要手段。

提高员工参会积极性

既然会议在店面销售过程中扮演着如此重要的角色，那么我们该如何把会开好？把会开好,面临的首要问题就是如何调动员工参会的积极性。

第一，提问。

我们读书的时候，都有过一种体验，在老师讲课的过程中，学生经常听着听着就走神了，什么情况下学生的精力最集中，那就是老师说：“好，下面这个问题，我们找一位同学回答一下。”这句话犹如警钟一般，全班同学的耳朵瞬间都竖起来了，生怕叫到自己的名字。

开会也一样，如果你一个人站在台上讲，下面的人一定听着听着就走神了，因为参与度不够。提问，就是一种不错的方法，自己要讲，但更多的是让团队中大部分的人都参与到会议中来。

怎么样提高大家参与会议的积极性？

提问、演练、分享、游戏

第二，演练。

我们前面讲过，没有准备的早会，一定不可能成功。

国家要开两会或者其他重大会议的时候，准备工作都做得很充分。包括杭州G20会议，也是提前准备了很久，杭州及周边地区很早就进入了准备期。所以，会议一定要提前做好准备。

想要提前做好准备，演练就变得很重要。比如说杭州为了举办G20会议，举行了很多次安全演练、会务操作演练。我能够站在千人讲台上对着底下的学员侃侃而谈，也是经过了无数次的演练，如果一个人没有经过任何的演练，即便是你熟悉的话题，也会讲砸。所以，提前演练是保证会议成功的第二要素。

第三，分享。

什么叫分享？就是让一部分员工站出来分享他的经历。有一些管理者，开会是绝对的“一言堂”，那种“单向传输”不叫开会，而是在宣布命令。

在工作过程中，总会有些同事拥有一些好的经历。比如，昨天刚签了一个大单顾客，客单价8万，并且顾客非常满意，特意感谢了这位员工。我们就可以让员工将这个案例成交的整个过程进行提炼分享。提前演练一下，第二天让这个员工自己上台讲述成功的经验。这对大家是学习提高，对当事人也是总结提升。

为什么在这个环节我再次强调了演练？试想一下，我们让一个同事上台做活动、做游戏或者案例分享，如果他上台后表演砸了，是不是会留下心理阴影？最重要的是，一个人演砸了，也会给其他人留下阴影，从此他们将会害怕上台演讲，你再想让他们上台，恐怕就难了，因为人的心理就是这样，害怕出丑。渐渐的你会发现，很少有人上去做分享、做互动了，大家对会议越来越消极，积极性越来越差。

第四，游戏。

在简短、精炼的会议中，游戏有着不容忽视的作用，尤其是早会。早会不要做得太长，我给大家的建议是最好能在 10 ~ 15 分钟以内解决早会，不要超过 15 分钟。

因为早会一般都是站着开的，开完会还有很多事要做，比如打扫卫生、擦拭产品，如果早会开上大半个小时，加上打扫的时间，连续一个多小时的忙碌会让员工变得疲累。所以有个精练的游戏，能够保证大家的积极性和参与度就行。

会议交流的三大技巧

接下来，我们讲一下会议交流的三个技巧。这三个技巧不仅适用于早会、晚会、周会，基本上所有的会议都会用到这三个技巧。

第一，2+1 技巧。

什么是 2+1 技巧？意思就是赞赏点比提升点要多。如果你告诉员工有什么地方需要提升，一定是两个赞美点加一个提升点。

比如，当老板想要员工将一件事情完成得更好时，可以这么说："你今天 ×× 事做得不错，×× 事做得也很好，如果能把 ×× 做得再好一点，就更完美了。"这就是赞赏点比提升点要多，简单点说就是"多夸，少批评"。非要批评的时候，可以将批评转换成"这个事儿还可以做得更好”。

第二，30/70 技巧。

很多老板、店长可以回想一下，在开会的时候是你说得多还是员工说得多？绝大部分情况下肯定是老板、店长说得多，员工说得少。平时我们开会，也经常出现这种状况，大家往那儿一坐，老大就开始在上面一直讲一直讲，下面的人坐着坐着就开始犯困了，长时间持续这种状态，会议就没有任何意义了。

会议交流的技巧

1.（2+1）技巧：赞赏点比提升点更多
2.（30/70）技巧：给同事说话的机会应比自己说话的机会多
3.（先后次序）技巧：先讲赞赏点，再讲提升点

“只有一个人在讲”这种场景更适合下命令、做报告。而终端店面开会时，给员工说话的机会应该比老板或者店长说话的机会多。员工说话占 70%，老板、店长说话占 30%，可以让更多的员工、更多的同事参与进来，才会让一个会议的参与度、积极性更好，氛围更好。

如果大家都在发言，都在讨论，你会发现氛围越来越好，最后问题解决得就更好。

第三，先后次序技巧。

先讲赞赏点，再讲提升点。虽然我将这点放在会议系统里面讲，但不仅仅是开会，所有的管理都是这个道理。如果你要批评一个员工就先

夸他，如果你要夸一个员工就先批评他。

以上就是会议交流的三个小技巧，非常实用有效，看完之后大家可以有意识的在店面会议中使用。有句话送给大家“店铺会议体现的是终端店面的执行力”，所有的会议都可以检验一个团队和组织的执行力。

我经常跟很多朋友讲，一个店生意好不好，我只看两个点：

第一，店面的形象和氛围做得如何。店面形象和氛围是顾客进店之后最直观的感受，如果形象好、氛围好，这个店面一般生意不会差。

第二，店铺的会议开得怎么样。如果会议开得干净利落，就意味着店面的执行力超级棒，业绩一般也不会差。如果开会拖拖拉拉、非常散漫，生意绝对一般。

所以，店面的整个会议系统体现的是团队的执行力。

关于店面会议系统，一定要记得住，店面会议主要是为了解决两件事，一是统一思想，二是完成目标。不要天天想着把氛围搞好，那只是顺带完成的事，因为只要目标统一，开完会大家自然热血沸腾，干劲十足。然后，将目标分解，大家就有了目标，在既有状态又有目标的情况下做事，自然就能事半功倍。

所以，开会不是重点，重点是要知道为什么开会。如果是为了开会而开会，这会也就没有开的必要了，因为它既不能帮你保证目标的完成，也不能提高员工工作的积极性，到后面，会议也就名存实亡了。

4.4 终端非店渠道拓展

非店铺销售渠道不可小觑

什么叫非店渠道？顾名思义，就是店铺之外的渠道。

前面讲过，店铺有 4 个非常重要的功能：品牌展示、销售成交、人才培养、渠道抢占。大部分销售是通过店面渠道，是在店面完成的，但是，随着渠道的不断分流，你会发现仅仅靠店面是不够的。所以，我们要用一些非店渠道来补充。比如，家装公司、设计师、小区推广等就是在店铺之外完成的。

从 2012 年开始，我们发现进店的客人越来越少，很多老板对我说："顾老师，生意不好做了，现在买家具的人越来越少。"真的是买家具的人变少了吗？不是！

我给大家看一组数据，这是 2005 ~ 2015 年中国地产的成交量

最近 10 年，中国地产的成交量在 2013 年最高，2014 年、2015 年略有下滑，在 2016 年又有回升。家居建材市场最低谷的一年是 2015 年，而这一年中国地产的成交量依然比 2012 年高。说明什么，在你看来很

不好的市场环境，依然有很多房子被卖出去，卖出去就需要装修，家居建材市场的总成交量还是大，甚至还有所增长。所以，不是买东西的顾客少了，而是因为渠道被不断分化。

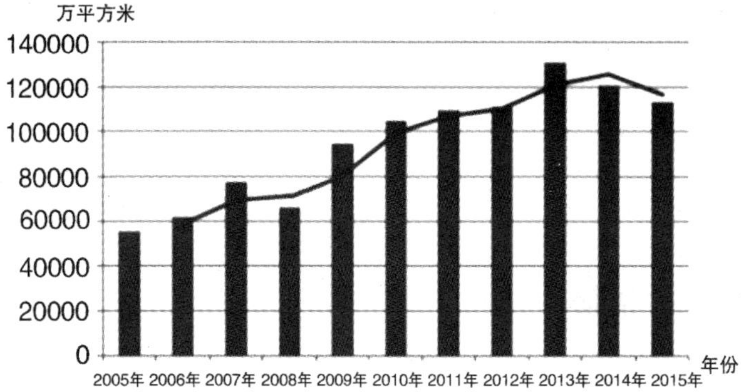

多渠道不断对顾客进行分流之后，进店的顾客确实变少了。比如，现在家装公司、施工队也卖主材，设计师也卖东西，线上分流也不少，而且顾客可选择的品牌、商场、店面也越来越多。

渠道分流下的引流措施

在渠道不断分化、不断分流的情况下，我们必须做到有效引流，让有效的顾客来到我们的店。如何有效引流，让有效的顾客来到我们店？主要有三种方法。

店铺之外的销售路径

店铺之外的销售路径主要有家装公司、设计师、小区地推和家装人员，确实还存在其他渠道，但是对家居建材行业来说，这四种渠道非常重要。

曾经的家装公司只干家装，施工队只做施工，设计师只做设计，可是今天，很多经销商发现家装公司、设计师、施工队也开始卖材料和家具了，开始跟经销商“抢活干”。虽然，材料依然还是由经销商提供，可是当有人开始和自己抢生意、抢饭碗的时候，怎么带上他们一起玩？

在讲家装公司、设计师之前，我先问大家一个问题：大家觉得一个真正想好好装修的人，真正想挑选好的家居建材产品的人，他们是会找“游击队”装修还是找家装公司装？是找设计师设计还是自己买到什么用什么？

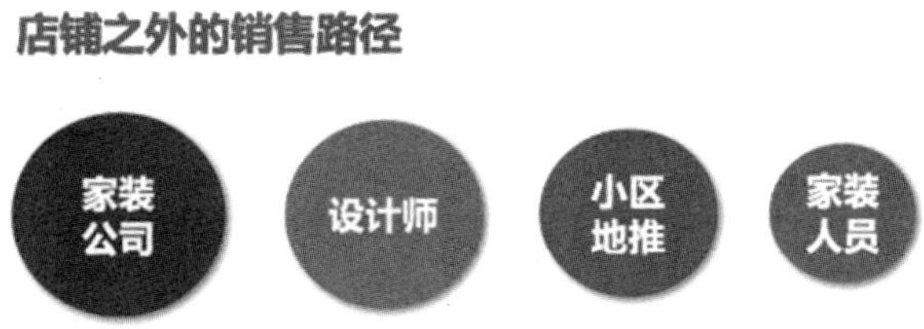

我相信绝大部分消费者，如果真正想好好装修房子，一定会找家装公司或设计师来打造自己的房子，所以家装公司和设计师是经销商老板需要拓展的非常非常重要的渠道，包括施工队。那如何与家装公司、设计师、施工队合作呢？

关于这三种渠道，我会重点讲一下家装公司，因为设计师、施工队跟家装公司有异曲同工之妙。与家装公司合作，方式无外乎两种。

一种是每单单独结算，卖一单给一单的钱。这种合作方式，一般根据品类的不同，提点可能从 5% ~ 20%不等，有的品牌可能给出的提点更高。

另外一种是成为主材供应商。也就是和家装公司达成合作，在一定期限内，作为他们的主材供应商之一。当你成为主材供应商之后，家装公司在向顾客介绍装修材质时，会有意识地推荐你的产品。

主材供应商一般以供货价为家装公司提供产品，然后，家装公司再赚取一定的差价，不管怎么样，都会牺牲掉一部分利润，因为卖给家装公司的价格不可能比自己店里卖的价格还高。

很多人觉得，第一种合作方式很好，卖一单就给他一单的钱。我想提醒大家的是，如果可能，尽量成为家装公司的主材供应商，不仅仅是因为分次结算太麻烦，而是因为这种关系比较稳定，能在不耗费你太多精力的情况下为你带来相对稳定的业绩收入。所以，要优先考虑成为主材供应商。那么如何才能成为家装公司的主材供应商？换句话来讲，就是家装公司跟经销商在合作的时候主要关心哪些方面呢？

渠道不断分化，如何有效引流？

我每次聊到这个话题很多人就说："顾老师，家装公司为什么跟我们合作还用想吗？肯定是为了赚钱啊。"赚钱、利润当然是要考虑的，但是赚钱并不是最主要的。

试想一下，如果你跟家装公司合作的产品出了问题，你觉得是家装公司比较不爽还是你比较不爽呢？一定是家装公司不爽。因为顾客会直接找家装公司，然后再通过家装公司来找到产品供应商。因为顾客本来就是通过家装公司才购买了你的产品。所以，对家装公司来说，他们对主材供应商最重要的需求不是利润，而是产品的品牌和质量。我把家装公司关注的方面归纳为三点。

第一，产品、品牌有保障。也就是说家装公司优先考虑的是你的产品、品牌是否有质量保证。

第二，利润有保障。利润保障不一定是直接通过供应商的产品赚取利益，如果通过你的产品对家装公司其他商品的销售有所助益，也能保证他们的利润。

第三，服务有保障。成交之后有问题，能及时找得到售后，并得到妥善处理，这才是顾客要的服务保障。家装公司最怕的是什么？好不容易将你的产品卖出去了，结果产品出了问题，打十几通电话都找不到人，到最后大家必然会闹得很不愉快。这种状况发生一次，家装公司可能也就忍了，但是一旦出现第二次，家装公司肯定不会再跟自己的客户推荐你的产品了。

所以，和家装公司合作，产品质量要有保障，利润要有保障，服务也要有保障，如果我们能做好这三点，也就满足了家装公司的重要需求，合作自然会水到渠成，并且持久稳定。当然，我们要做好跟家装公司、设计师、小区地推和家装人员的具体合作，还要做到另外三点。

第一，责任到人。很多经销商都知道，要考虑和第三方渠道的合作，要做这些渠道的推广、延伸和拓展，可是从来没有指定“谁”去干这个事，而是大家都去干，当大家都去干一件事的时候，这个事就等于没人干。当一件事情所有人都负责的时候等于没有人负责。最终的结果只能是听天由命。

第二，机制明确。什么叫机制明确？当一个单子成交之后，经销商与家装公司如何结算？与员工如何结算？内部的团队如何结算？都需要有非常明确的机制。

我们前面讲期望理论的时候说了，做事情是不是积极努力取决于两个因素。第一，这件事我的投入是多少，第二，做完之后有什么回报。所以如果你机制不明确，家装公司自己的员工在不知道自己能得到多少好处的情况下做事，积极性总是会受到影响的，执行力也会大打折扣。所以，一定要有明确的机制。

第三，流程清晰。当你和家装公司形成合作关系后，两家公司之间必定有许多事情需要对接。比如，家装公司推荐过来的客户电话谁联系？客户进店后由谁接待？单子成交之后交给谁？从用户信息交接到量尺、测量、出方案，再到复尺一系列的服务谁来跟进、执行、推进？如果产品和服务真出了问题，该找谁，谁才能让问题在第一时间得到解决？这些流程、服务都需要清晰，并且不断地细化。

责任到人，机制明确，流程清晰，做好这三点，我们和第三方渠道的合作就会变得更轻松、更容易。要不然每件事情都需要单独汇报、单独请示、单独沟通，就实在是太累了。

如果你的员工一有事就来问你："老板，××设计师跟我们合作一个单子，××家装跟我们合作一个单子，我们和对方怎么结算？具体服务小王跟进还是小李跟进？成交后咱们自己的员工给多少钱……"如果每天都是这个样子，我相信老板的精力很快就没了。

我之所以花这么大精力来打造《赢战终端》这个课程系统，其核心就是为了提高终端店面的营业能力，把一个店、一个生意打造成可以持续运转的赚钱机器，最终实现老板的时间自由、人身自由和财务自由。可是，如果流程不清晰、机制不明确，那就意味着每次有事情都要单独沟通，那这台"机器"永远不可能自动运转，永远需要有人来不停地拨动，才能运转，老板还谈什么人身自由？更别提时间自由和财务自由了。

前几天我去一个地方给一家企业讲课，讲完课去机场，有一个经销商与我同路，去机场的路程开车不超过 40 分钟。这位经销商朋友在这不到 40 分钟的时间内前后打了 6 次电话，平均不到 7 分钟就一个电话，打到后面越来越着急，因为手机快没电了。如果是关系到店面生死存亡的大事，这也无可厚非，可是他这 6 次电话就只为了解决一个问题，一个熟人介绍过来的顾客，到底给人家优惠多少钱。如果是一个大单子，几万、十几万，多打两次电话也是值得，可是这个单子总金额没超过 2000 元。关键是一个不到 2000 元的单子，打了 6 次电话还没有解决，到了机场找到充电线，接着打。我看了一路感觉好心酸，特别有感触，觉得他真是不容易。但同时我也清楚，他之所以会这么累，是因为他的整个的店面管理系统不能自动运转，销售、跟进、成交的各种流程做得不清晰、价格管理机制也不明确，才会导致一个转介绍的客户出现这么多问题。这个发生在我身边真实的案例再次提醒了各位经销商朋友，在做店外渠道的时候要流程清晰、机制明确。

我还是要强调一点。家装公司、设计师和小区地推人员需要经销商或者运营人员不断地对他们施加影响。只有他们认为好的品牌才会有向顾客推荐的激情。因此，为了让这些员工保持激情，要不断对他们施加影响。

另外，关于小区地推我们需要单独讲一下。一般大家都认为小区地推无外乎两件事，一是电话营销，二是扫楼。因为打广告、做活动毕竟是少数，所以电话销售和扫楼就成为小区推广的普遍方式。

但是，就扫楼而言最牛的导购每天也只能扫回 3 ~ 5 个有效的电话号码，很多人经常是一天下来一个号码都要不到。电话营销和扫楼固然有效。但是这中间有个关键节点值得注意——小区样板房的征集。如果我们能够在每个小区都有样板房，以样板房作为突破，小区的成交才会更加容易。

快速打通前端品类

快速打通前端品类，也就是说不在自己的店面成交而是通过别人的店面引导成交。那什么是前端品类呢？

装修是有顺序的，如果你是卖家具的，卖建材的一定在你之前；如果你是卖壁纸、墙布的，卖瓷砖、卫浴、门窗的一定在你之前；如果你是卖家电的，卖家具的一定在你之前，这些在你之前的品类就是前端品类。

为什么要打通前端品类？顾客装房子不可能只买瓷砖、墙纸，也不可能只买家具门窗，所有跟房子装修相关的品类、产品顾客都需要，如果我们能够打通前端品类，前端品类就能够给我们持续引流。这是终端非店渠道经营中一个非常重要的环节。

关于如何选择前端品类，我们讲两点。

第一，前端品类，其消费环节一定要在我们自己经营的产品之前或者是平行的。

比如，你卖家具，你跟做传统家电的合作，就不能帮你输送客源，因为基本上需要买电视或者已经买完电视的顾客，他的家具、沙发、床、衣柜、橱柜等都已经买完了，买完家具才会买家电嘛。但如果你是卖家具的，跟门窗、建材、陶瓷卫浴合作就不一样了，因为对顾客来说，买家具是在做完门窗、建材、卫浴的环节之后才会进行的步骤，这样导流才有意义、有实用价值。

快速打通前端品类

消费环节 在我们之前或平行	品牌定位 比我们略高或相当

都是卖家居的店，也是分为不同品类的。比如沙发和床，这两个品类基本上是在同一个销售环节中进行的，绝对可以互相进行顾客的有效导流。所以，我们在选择前端品类的时候，消费环节一定要在自己经营的品类之前，最起码也是跟我们平行，否则就没有意义。

第二，品牌的定位一定要比我们略高或者是相当。

品牌的定位一定要比我们自己的略高或者是相当，为什么是略高或者是相当？因为相差太大没意义。

如果一个二三线品牌硬要跟一个非常高端的一线品牌合作，会是什么状况？先不说二者之间的风格能不能匹配，仅价格和品味而言，能买高端一线品牌的顾客一般都看不上二三线的产品，而能买二三线产品的顾客一般也都对一线品牌的产品价格望而却步。所以，要对合作品牌进行定位，并且定位到跟自己经营品牌差不多或者略高一点，让消费者的消费水平保持统一，否则即便引流也是徒劳的。

需要提醒大家的是，千万不要选比自己差的。如果一个人天天跟一些不如你的人玩，玩着玩着你就会发现自己越来越差，到最后可能还不如他们了。

其实，每个顾客来买东西的时候都是有梦想的，对亲情的梦想，对爱情的梦想，因此，顾客对于他们购买的每一件产品也都有一个梦想，希望这些家居、建材能够承载他对于家庭的美好梦想。所有定位相差不大的品牌，拥有着一批梦想相同的准顾客，所以打通前端品类对于任何品类来讲都是经营的核心之一。

有效的微信营销策略

其实，家居建材行业发展到今天，大家使用的很多经营的战略战术，已经高度一致了。包括这部分强调的微信营销的策略，很多店面的店长、老板都在用。

如果你想要做微信运营，你需要有一个自己的信息发布、推广平台。可能很多人觉得微信营销的效果一般，对于店面来说意义不大。那为什么我要给大家讲微信营销？

因为到目前为止，社群微信营销依然是一个比较好的“一对多”的沟通方式。什么叫一对多？打电话不能一对多，发短信可以通过一些平台实现一对多，但是一个一个添加，一个一个勾选，非常麻烦。可是，微信解决了这个问题，我们在跟顾客做沟通、交流、互动的时候能够非常容易地实现一对多。

整个微信营销不管怎么变化，其核心内容还是集客。可以实现目标客户的基本锁定，但是成交还是有难度的。我一直强调，家居建材行业是一个比较“重”的行业，对于服务、体验的要求比较高。所以，微信营销你很难实现完全成交，但能够实现“养鱼”和“锁定”，接下来我们讲一下公众号、社群加个人微信的这种组合营销的方式。

大一点的品牌或者规模比较大的经销商，我建议做微信公众号。

很多人说做公众号的大环境已经过时了。其实，我们做公众号并不是要将公众号做成多大的号，主要是当我们的规模达到一定程度之后，就需要有一个统一的信息发布平台。如果只有几个店面的经销商朋友，我就不建议做公众号了，只要将社群和个人微信很好地结合在一起即可。这也是我马上要谈到的重点。

有效的微信营销策略

公众号	社群/微信群	个人微信

如何将社群和个人微信结合在一起？

将导购、店面以及销售人员手中的顾客集中导入几个有限的微信号中，利用这几个微信号，对顾客、准顾客进行系统的管理和维护。

建立客户群只是第一步，建立基本的群规制度后，将微信上的客户导入到微信群中，将微信群中新进来的用户添加到个人微信上，将二者之间的客源相互导入。

这样，你在做信息推广的时候，个人号发一次、微信群内发一次，如果有公众号的话，在公众号再发一次，通过这种方法将信息进行数次集中曝光，基本上就能保证你的潜在顾客和准顾客都能看到。

个人微信号的好处就是可以连续在朋友圈曝光，但是这项功能要慎用，因为同一条信息一天刷上两次已经是极限，连续刷屏只能让别人厌烦你，进而关闭你的朋友圈，这种结果得不偿失。不在朋友圈刷屏，也不能一直群发同一条消息给客户，就不能保障用户能够看到这条信息。所以，为了保证信息的抵达率，又不造成顾客的反感，我们要多渠道、全方位、立体式地发布信息。从公众号到社群再到个人微信一起发布，如此一来，只要是潜在的顾客，多多少少总能看到。然后，再通过社群和个人微信与准顾客保持持续的互动和沟通，最终实现“鱼塘的经营”。

为什么要引入“鱼塘”这个概念？顾客的成交，必须建立在信任的基础之上，我们要先与潜在用户发生关系，才能进一步建立信任。如果没有一个“鱼塘”把这群人圈起来，把这些“鱼”养起来，建立信任就有些困难，仅靠打电话、发信息是很难的。并且，顾客停留在群里，与顾客成为你的个人微信好友，这两种情况下的信任程度是不一样的。个人微信号上的链接显然会更直接、更亲近，这些都是微信营销的一些策略。

经过长时间的打造，顾客在我们的持续经营下，也与我们建立了信任，并且随着时间的增长，这种信任得到持续的增长。当双方建立了足够的信任之后再请他做推荐、转介绍就变得轻松多了。所有的努力都是为了一个目的——集客。

我一直在反复强调一个概念，那就是对于顾客的经营，要把顾客像养鱼一样养起来，保证稳定的“鱼塘”，就等于保证了稳定的客源，只要将鱼饵扔进鱼塘就能钓到鱼。

我们所有的店外渠道的拓展，最终都是为了不断地为终端店面引流以解决进店问题。只有进店率增加了，我们才有可能在后续的成交上实现更多的增加。

4.5
做促销，理解本质和核心才是关键

说到促销活动，很多老板肯定比我有发言权，因为你们经历得比我多，一年能做十几场。

在商场里闲逛，你经常会遇到一些导购，一般开口不到5分钟，就会提到“我们家过几天有个活动，要不你买张卡吧”之类的话，这样会给人一种错觉——“好像你们家全年都在搞活动”，如果活动继续这样做下去，商家就很危险了，处境会越来越艰难。

从去年开始，有句话在行业内特别流行——“不干活动等死，干活动等于找死”。这句话一点也不夸张，那么活动到底还做不做？当然要做。首先要抓住促销的本质，再来思考如何做促销，而且促销不能乱做，必须要有策略才行。

做促销，吸引对的人

首先，大家应该搞清楚一件事：我们为什么要做促销？

绝大部分老板并没有认真思考过这个问题。通常老板选择做活动是因为他觉得“生意不好做了，做活动能够吸引一些顾客进店，多一些成交”。那么，我们为什么要做活动？是为了成交，为了盈利，还是为了推广品牌。可以说这些都是我们做活动的理由。

在家居建材行业做活动跟其他行业有点不一样。比如说服装行业做活动，低价就可以吸引顾客，家居建材行业却不行，如果不能找到对的人，价格再低也没有用。买衣服总比买家具的频率高，因为谁也不会动不动就买瓷砖、沙发、墙纸。

终端零售=自由恋爱。家居建材行业的终端零售和“自由恋爱”是一个道理。先找到对的人，然后在一起，其中的关键在于“要找到对的人”。

所以，我们做活动的核心就是要找到对的人。家居建材行业的最终消费者需要面对面的沟通交流，如果找不到对的人，你会发现沟通会变得很困难，即便沟通也是徒劳，只有找到顾客，成交顾客，持续地去经营好这些顾客，我们才有可能可持续盈利。

有句话要送给大家：促销对我们来说仅仅是整个营销活动或经营活动中的一小部分，绝对不是我们经营的全部，千万不要把你的所有宝都压在促销上。

做促销，不给对手机会

其实，终端促销的本质有两个：第一，将顾客圈入“鱼塘”；第二，为邀约找个理由。

将顾客圈入“鱼塘”

对顾客来说，只要他想买家居建材类的产品，其实在哪儿都能买到。不管是从你这里还是从竞争对手那里，不管是在这个商场还是别的商场，不管是线上还是线下，不管是从终端店面还是通过家装公司、设计师或施工队，只要他的房子买了，装修是肯定要做的。所以，不论是通过哪个渠道，他都能买到自己想要的产品。如今不是顾客买的东西变少了，而是购买的渠道变多了，我在前面也讲过这个问题。

每年的“十一”都是活动的扎堆期，而且大投入不一定能换来大回报。但是，我相信每一个商家都不愿意错过这场促销盛宴。其实，这类活动经常会发生一种有意思的现象，不知道大家以前有没有发现，在“十一”活动期间圈进来很多潜在顾客，但真正在活动期间成交的顾客非常有限。更多的是在 11 月、12 月才逐渐被“消化完”。

之所以把顾客先圈进来再逐渐消化，是因为家居建材行业的成交和销售有一个非常明显的特点：销售周期、成交周期非常长。

前面我也提到过，我见到的一个成交周期最长的案例是 18 个月，整整一年半才成交。我在和别人提到这个案例的时候，经常开玩笑说：“如果是个工作不稳定的导购，一年半的时间，恐怕工作都换两次了，能跟这么久，不得不说这个导购真厉害。”

销售周期这么长，想要一次搞定顾客确实不容易。第一次圈进来的陌生顾客，在当次促销活动中也不太容易实现成交。

一般来讲，一次促销活动的周期从蓄水到最终落地需要 2 ~ 3 周的时间。你仔细回想一下自己做过的活动，是不是有很多顾客都集中在

2 ~ 3 周之后成交，有的甚至是在 1 ~ 2 月后。比如做一场“3 · 15”的活动，一下子就能圈进来一两百个“准顾客”，海选的名单就不作计算了，我们在这儿只说准顾客。一两百个准顾客在“3 · 15”期间能够成交一小批，但很大一批有可能会在“五一”的时候才成交。其实，很多时候我们做活动也是在消化过去积累留存的老顾客。

终端促销的本质

将顾客圈入“鱼塘”
为邀约找个理由

不过，就销售周期而言，建材的周期相对家居来讲要短一些。因为施工队已经到位，房子等着装，房子装修本来就是一个漫长的过程，一般都需要两三个月，装完还要散味儿，所以，建材的购买一定要跟上进度。家居就不同了，不是什么着急用的就可以慢慢选。

因此，我们做促销的第一步就是找到对的人，然后圈进“鱼塘”，持续不断地推进，这样才有可能让终端店面的经营、销售变得可持续。

将顾客圈入“鱼塘”，除了因为家居建材的消费周期比较长，需要将顾客圈进来，提前培养，提前服务外，还有一个非常重要的原因是：渠道太多，这个顾客你不圈起来就会被别人圈起来。

相同品类，比如瓷砖、沙发、卫浴，每个商场都可能有十几个品牌在出售同一类产品，那么顾客到底买谁家的呢？可能是顾客最先接触的品牌，也可能是顾客最先产生好感的那个品牌，但是无论如何，先到先得，所以必须将准顾客圈起来。

事实上，顾客装房子、买家居是很辛苦的，品类、品牌太多，每天都在看，很耗费精力。所以，当顾客挑到比较中意的品牌，一般都不想再继续花时间挑选了。如果顾客跟我们之间的关系能够到这一步，也就意味着这个顾客被我们圈起来了，只要好好跟进，不出意外，成交是迟早的事，这也正是把顾客圈起来的主要目的。

做促销，我们才有机会
做促销，不给别人机会

这就和找对象是一样的道理。我身边有很多优秀的男士和女士都是单身，当然，我说的这些人不是以单身为荣的那批人，他们也想嫁，也想娶，本身也足够优秀，但就是一直单身，为什么？因为他们缺少跟异性见面和接触的机会，他们的“鱼塘”里面没有“鱼”。

为邀约找个理由

想要成交顾客，首先要制造与顾客接触的机会，促销活动就是一个很好的机会。只有把顾客圈进我们的“鱼塘”，才能有后续的服务，才有机会培养与顾客之间的信任，进而不断地孵化成交。所以，促销活动的另一个本质就是“为邀约找理由，为成交找理由”。

当你跟一个顾客进行了较长时间的关系培养后，如果突然有一天，你说:“我们家这个沙发不错，你来看看吧？”“我们家瓷砖不错，你来订点瓷砖吧？”你这样讲似乎有点不大合适，很可能将你和顾客好不容易培养起来的信任打翻，那怎么办？顾客培养了一段时间后，总要有一个理由或者契机来打破这种平衡。总不能仅靠俩人天天发微信就成交吧，这种情况并不是说没有，只是太罕见了，所以，需要制造一个与顾客见面的机会。

就像两个人恋爱谈了一段时间以后，就需要一些外在力量来实现关系的晋级，比如走着走着突然路灯灭了，或者去看电影的时候，观影席上的灯灭了，这就给俩人制造了一次拥抱的机会。所以，关系培养了一段时间后，需要一个契机来打破原来的界限，使关系更进一步，促销活动就要解决这个问题。

终端零售=自由恋爱

找到对的人、在一起

找到顾客、成交顾客

顾客关系已经培养了1个月、2个月，甚至更久，打电话、发信息、做服务、搞营销、玩社群、聊微信，该做的都做了，维护了这么久得找个理由成交吧。如果你说："哥，我们聊这么久了，你过来买个沙发，把钱给了呗？"这样说就太唐突了，想想也不太合适。但是，你可以这样对顾客说："过段时间就是元旦了，我们店里元旦活动力度非常大，比之前的优惠力度都强，你上次看的那款产品现在打8折，优惠了××元，你要不要抽空过来看看？我在店里面等你。"这就找了个理由，让顾客名正言顺地来店里见个面。

不管是促销的时候，还是平常邀约顾客进店总需要找个理由，还有什么比"有优惠"这个理由更好呢？因为"我们活动力度大，有抽奖、有返点、有折扣、有各种赠品，同样的产品有更大的优惠，你要不要来店里看看"，一般真正有需求的顾客会欣然接受。以活动邀约顾客与直接让顾客来店里买东西，传递给顾客的意思是截然不同的，前者完全是站在顾客的角度，为了让顾客省钱，获得更多优惠而进行的邀约，而后者则是为了让顾客掏钱买东西。

由此可见，促销活动对于邀约顾客到店来说是多么重要。大家在做促销活动的时候，只要理解了这两个本质，很多事情就比较容易理解。

比如，很多老板都有一种执念，一次活动圈进来的客户要全部成交。只要明白了促销的两个核心本质，你就不会再有这种想法了。因为家居建材行业的成交是需要培育和孵化的。孵化就意味着把鸡蛋变成小鸡，这个过程最短也需要 18 天，否则不会孵出小鸡。顾客也是一样的，一个顾客说要买门窗，要封阳台，你很难让他一次就下订单，因为需要量尺寸，还需要复尺。由于这个行业还是一个低关注度的行业，顾客为保万全，都会多走几家，进行比对，然后再作出选择。

上面我们讲了促销的两个本质：第一，将顾客圈入“鱼塘”，第二，为邀约找个理由。这两点非常关键。同时把这句话送给大家：做促销我们才有机会，做促销不给别人机会。

促销实操，两大忌讳不能碰

有些老板做店面促销，动不动就打折，动不动就“最大让利、最多优惠”，还有的动不动就是“全市最低价”或“全年最低价”。

但是，在具体的操作层面，我不建议大家动不动就将价格做到最低。从促销的本质来说，我们是要把顾客圈起来，不给对手留机会。

在具体的操作层面，比如，怎么打电话、怎么扫楼、怎么做推广、怎么做店面布置、怎么做销售流程的设计、怎么做店面销售的控制……就这些问题而言，很多终端人都有非常丰富的实操经验，不说做得很好，但至少都能及格。做得好的，基本上是执行比较到位的。但是在这里，我需要强调一下终端促销的两个注意事项。

第一，不管你做什么促销，一定要有非常正当的理由。不能莫名其妙，为了促销而促销。邀约顾客到店需要理由，做促销也需要理由，名不正则言不顺。古时候挑起战事都有一个“导火索”，也就是打仗的理由，就算是造反，也是需要找个由头的。

明成祖朱棣能从北京打到南京，就是因为找了一个非常好的理由——“清君侧”，意思就是说皇帝身边有奸臣，杀过去是为了把奸臣干掉，其实他真正的目的是想在这个过程中顺便把皇帝也干掉。还有太平天国、义和团等其他的一些起义、运动等，不管是正义之师还是侵略造反，都一定会找一个冠冕堂皇的理由，并且义正词严。

终端促销的两个注意事项

1.促销要理由

2.价格要控制

所以，做促销活动的首要任务是“一定要找合适的理由”。不管是厂家让利，还是库存清仓，都必须要找一个正当的理由。这个理由听起来经得起推敲，尽量避免让顾客产生一种“你们家动不动就打折让利，促销活动都是随便做”的感觉。如果促销活动都是随便做的，顾客就会对你的打折、让利的真实性表示怀疑，那店面商品的价格，以及促销的整个规定、政策就不再具有公信力。

第二，价格要控制。活动价格对于品牌的影响非常大。

大城市还好，因为大城市的顾客就像韭菜一样，割完一茬还有一茬，在大城市，每次做活动的价格是不是一样无所谓，因为人真的太多了，就算有影响，也没那么大。

可是，如果在三线以下的城市，你就会发现价格的频繁变动是很要命的，因为整个城区才三四十万人口，如果你在这个城市经营几年或者做过几次活动，全城的人都会认识你。

中国人有句古话“不患寡而患不均”，意思就是给多少无所谓，但是不能给得不一样。

两个顾客买同样的产品，比如买瓷砖，别人买是 200 元，我买的也是200元，别人买的500元，我买的也是500元，那顾客并不觉得500元贵，也不会觉得200元便宜。但是如果我买的是500元，别人买的是480元，虽然一块瓷砖只差了20元，在顾客眼里却不是一件小事，他就会觉得不舒服："凭什么我就要比别人贵20元？"这个还不是最要命的，如果过两天知道有人是450元买的，那就真糟糕了。

所以，大家在做活动的时候，尤其是在二三线城市做活动的时候，一定要注意价格的控制，因为人都是相互认识的，同样的产品出售的价格有差异，会让顾客心里很不爽。在每次做活动的时候，价格的"刚性下跌"是一件非常致命的事。

我建议大家不管在大城市还是小城市，产品价格都要有一个"最低限价"。在一年中的"五一""十一""3·15"和元旦这四次大活动中，价格保持在一条线上，其他时候的活动价要比这条线略高。

如果价格实在偏差太大，那就尽量让价格的可比性不要那么强。如何让同样的产品价格看起来可比性不强呢？可以通过产品组合的变化、促销政策以及促销方式的变化，让先后进行的活动在价格上没什么可比性。尽量不要让已经购买过的顾客，一眼就看出"我买的比他买的贵，他买的比我买的便宜"。所以，当价格实在控制不了的时候，就采用降低价格可比性的方式，最终降低它的可比性。

对我们来说，每次降价受伤害最大的就是我们的老顾客，是我们最忠实的粉丝。这些顾客不仅多次来店里购买过，还推荐了朋友来买。其实，在他进行购买的时候，对我们的服务是很满意的，不然也不会推荐其他人来买。可是，有一天，你做了一场活动，同样的产品价格比他成交的时候便宜了一大截，他心里就会很不舒服，你觉得他还会再来买，还会推荐朋友、家人、亲戚来照顾你的生意吗？着实有点难了。

所以，我一直在强调，顾客的消费心理中有一点非常重要，那就是"不患寡患不均（公）"。

4.6
定价要瞄准顾客心理

其实，不管是做促销，还是常规的店面经营，定价都是一个非常重要的销售管理技巧，并且也是营销中的一个重要板块。有多重要呢？在百货行业，通过优化一家公司的价格，能够把利润提高 2 个点，不要小看这 2 个点，要知道在百货行业，把利润提高 2 个点是一件非常“恐怖”的事。

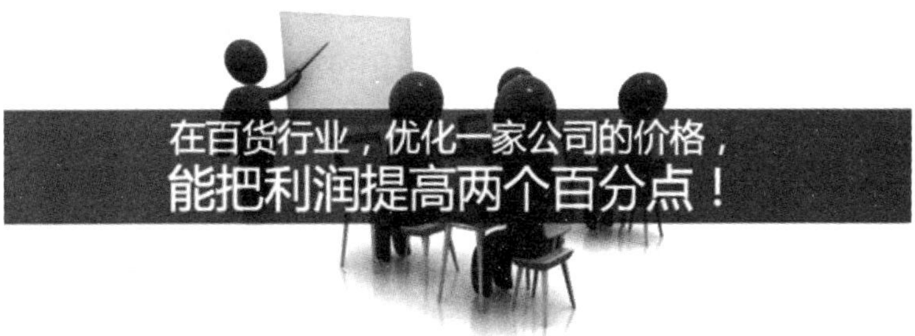

超市的纯利范围是 3 ～ 5 个点，也就是说像沃尔玛、家乐福这样的超级市场，虽然面积很大，有时候一天营收几百万甚至上千万，可是它的纯利却只有 3 ～ 5 个点。如果仅仅通过优化价格就能把利润提高 2 个点，这还不叫恐怖吗？这是在百货零售行业，如果是在家居建材行业呢？

因为家居建材行业定价的特殊性以及行业的特殊性，毛利相对其他零售行业（比如超级市场）要高一些的，所以，如果我们价格优化得好，就不仅仅是将利润提升 2 个点了。我做过一个粗略的测算，大部分品类能够提高 5 个点，并且不是毛利，而是纯利润。比如，原来做 100 万业绩，经过价格优化，可以将纯利润提升 5 个点，也就是每 100 万可以多赚 5 万元，这可以说是一个非常可观的利润了。

顾客对价格感知的真相

不管你经营的是什么品类，不管你是老板还是店长，也不管你是男性还是女性，在逛街买东西的时候，你对价格的感知是“绝对”的还是“相对”的？到底什么是“绝对”，什么是“相对”呢？

比如，张学友演唱会的门票比孙楠演唱会的门票贵，孙楠演唱会的门票可能比杨坤演唱会的门票贵，可是，很难有人能够去判断到底应该贵多少，两种门票的定价具体应该保持多大的差距。这就说明，消费者对“相对”价格差比较敏感，对“绝对”价格差没那么敏感。

顾客对价格感知的真相

顾客的主要敏感点是相对差异，而非绝对价格。

也就是说，人们对相对差异非常敏感，对绝对数值则不怎么敏感！

同样的道理，适用于任何消费场景。我们去逛商场，为什么你会觉得这家店里的衣服一定比刚刚那家店里的贵？品牌、店面、整个环境以及服装的面料，看起来就贵，但是到底贵多少，是受很多软性因素影响的。店面的装修，人员的形象，店面的职业化程度都是影响产品价格高低的因素。

我曾经跟很多家居建材的老板讲过，“就算你什么都不改变，仅仅是让你的员工形象更好一点，职业化程度更高一点，即便你的价格上涨10%，对顾客来说都觉得值。”职业化程度具体指什么呢？穿上工装，从头到脚打扮得职业、规范，看起来很精神，像个销售专家的样子，这就是职业化。职业化能让顾客对你的产品高看一眼，因为顾客对价格的感知会受周边环境的影响。

前面我跟大家提到过，同样一个包，在天桥下卖与在王府井高端商场里卖，价格可以说是天差地别。同样，在王府井卖和在二、三线城市的最好的商场卖也有很大的差别。

环境、氛围对顾客的感知，会影响顾客对产品定价的接受程度。这就是顾客对价格感知的真相，他们对价格的感知是觉得“相对差异”很平常，但很难理解“绝对差异”。

就像他们能理解高档饭店一定比普通饭店的菜要贵，五星级酒店一定比三星级酒店要贵，在北京吃饭一定比在石家庄吃饭要贵，至于具体该差多少？他们是并不清楚的，因为一般人的消费感知对于“绝对差异”是没有感觉的。这就是我们反复强调的，消费者对价格的感知是相对的，而非绝对的。

“锚定效应”对终端定价的启示

什么是“锚定效应”呢？这是个心理学名词，所谓“锚定效应”也叫“沉锚效应”，指的是人们在对某人某事做出判断之后容易受第一印象、第一感知的影响，然后在做思考、做判断的时候总会受其左右，就像你的内心有一个锚在这个地方，每次这个锚都会牵动你。

听听下面这段对话，有毛病吗？某一天你遇到了顾老师，要请顾老师吃饭。

你说：“顾老师，晚上一起吃饭吧？”

我说："好啊。"

你说："顾老师，晚上吃什么？"

我说："吃什么都没关系，但我相信你请顾老师吃，肯定不能差了。"

其实我最后这句话，背后隐含的意思就是"你晚上请我吃饭总不能去大排档吧"，所以，你一定会选个看起来还算不错的地方请我吃个饭。我最后一句话就在你的内心下了一个锚。如果你请我吃饭，太差的地方就不在考虑范围内了。"锚定效应"是我在给大家讲销售课的时候，经常会讲到的一个技巧。

锚定效应对终端定价的启示

"锚定效应"：也叫沉锚效应，指的是人们在对某人某事做出判断时，易受到第一印象或第一信息支配，就像沉入海底的锚一样把人们的思想固定在某处。例如：房子的标价、普拉达包、广告。

比如一些导购员，经常会这样说："大哥，你对家人这么好，对家庭这么重视，我相信你选择东西的时候一定是优先考虑品质的。"这就是在利用"锚定效应"，让顾客不断记得家庭很重要，自己是一个对家庭负责任的人。

终端定价和"锚定效应"究竟有什么关系呢？我们为什么要在这里讲"锚定效应"看完下面这几个小案例，你应该能得到一点点启示。

有一个常识性的知识，所有房子的标价都要比成交价贵很多。标价比成交价高，这一点大家都能理解，但是房子的标价一定比成交价高很多，为什么？

在北京，一栋别墅标价5000万，但实际上这栋别墅按照市场的评估就值2000万，标5000万离不离谱？非常离谱。所有同行都说你是疯子，觉得你一定是有毛病，所有顾客也都说你是疯子，狮子大开口，说你“人心不足蛇吞象”，但是这些都没关系。即使顾客觉得这个价格太贵，贵得离谱，他不买这个别墅，但是这个价格就在那里，一定会影响到他。一年后，这个别墅的价值有了变化，从2000万变成了现在的2600万，涨了30%，这个时候你把别墅的标价改成4500万。

其他什么都没变，别墅还是那个别墅。你仅仅把别墅的标价由5000万变成4500万，这时，原来看过这栋别墅、并且对这栋别墅感兴趣的人的第一反应不是这栋别墅还是贵2000万，而是“这栋别墅降价了，而且降了500万”，他们接收到的信息是原来5000万的别墅降价到4500万了。

所以，原来5000万的价格就成为一个锚点，产生“锚定效应”。即使曾经在你标价5000万的时候，顾客觉得你是疯子、神经病，但是这个标价会在顾客心中种下一个锚点，以至于后来你将价格变成4500万之后，他们的第一反应是“别墅变便宜了，买起来比较划算”。之后，真想买这栋别墅的人，就会再砍砍价，最终这栋别墅以3800万的天价成交，依然是比市场价高出了1200万。

在定价方面我们一直在强调，顾客对价格的感知，更多的是相对价格而不是绝对价格。相对来说，5000万的别墅3800万成交，已经便宜了1200万，顾客的感觉是“太划算了”。

这就是“锚定效应”与产品定价结合产生的效果。一方面利用5000万的标价在顾客心中抛了一个锚，定了一个点；另一方面，利用消费者对相对差异非常敏感这一点，通过降价来吸引准顾客，最后以高出市场实际价值的价格来成交这栋别墅。

平常大家逛奢侈品店的时候，会发现很多奢侈品店的门口都会放一个形象款。形象款首先是用来看的，其次才是用来卖的。

大家逛PRADA的专卖店时，会发现门口基本上都会有一个标价二十几万的包包。对PRADA这个品牌而言，二十几万的包算是非常贵的了，PRADA一般的包价格应该是这个包价格的十分之一。绝大部分进去的人都不会买这个包的。可是，为什么要在门口放一个标价这么贵的包呢？

我曾经跟一个PRADA的店长聊过，他告诉我："之所以会放一个标价二十几万的包在门口，是用来看的。"这也是在利用"锚定效应"，利用大家对相对价格比较敏感。当你在门口看一个标价二十几万的包，进去之后看到差不多的款式，一样的材料，同样的设计师，这个包只要3万，这时候，谁还能想起这个3万的包本身就很贵。品质、设计、做工、品牌几乎一样的包，有了前面二十几万这个"锚"，3万的包就显得便宜多了。高价只是为了在顾客心中形成一个锚点，价格的落差会让顾客更愿意接受现有产品的价格，成交就会变得很容易。

不管是标价很高的别墅，还是奢侈品店内的形象款，它们本身就不是用来卖的，不过，有人买当然还是可以卖的。

"今年过节不收礼，收礼只收×××"，很多人都觉得，这个广告是一个没有内涵、没有深度的脑残型广告。但是"今年过节不收礼"这个事本身就是一个锚点，当你真正需要买礼品的时候，依然会受它影响。所以，商家每天做广告的意义就在于，当顾客真正需要这类产品，开始思考要买这类产品的时候，广告抛出的锚就会影响顾客的购买决定。所以，我们的锚点不是用来卖的，不管你觉得标价如何过分，如何疯狂，它依然会影响你。

我把这句话送给大家："锚定效应，并不是说你要多少就能得到多少，而是要的越多你得到的就越多！"

所以，你可以挑一款形象款，放到店面最好的位置，然后把价格拉得高一点。由于价格很高，顾客购买这款产品的概率会比较低，如果你能正确引导顾客进店，虽说店内其他产品的价格也不是很低，但因为有门口那个超高价格的形象款产生的“锚定效应”，对比而言，顾客也会觉得这些产品价格太合适了。这一点和讨价还价有异曲同工之处，一般先开口的那个人最后都占便宜。

“锚定效应”并不是说“你要多少就能得到多少”，它说的是“要的越多，你得到的就越多”！

比如，一笔生意，买方只想付 8 万左右，而卖方想收 10 万，最终会以多少钱成交呢?

如果卖方先开口：“我们是老交情了，这么多年的关系了，12 万。”一听对方的要价，买方就会在心里打鼓：“我出 8 万会不会太低了？”受这种情绪的影响，最后的成交价格就会在 10 万左右，甚至有可能是 12 万。也就是说你要的越多，最终得到的就越多。

终端操作性定价的两大原则

第一，避免极端。

什么叫避免极端？买东西时只要我们有两种以上的选择，就不会买最好的，也不会买最差的，基本上会买中间的，这就叫避免极端。中国人在这一点上尤为突出。

比如，大家去吃饭，同样是鱼，如果有三种以上可点，198 元/斤、128 元/斤、98 元/斤，绝大部分人最终都会选择 128 元/斤的。我想告诉大家的是，其实，饭店有可能就没有 198 元/斤的鱼，因为如果只有 128 元/斤和 98 元/斤两个选择，很多人就会选 98 元/斤的鱼，没人选 128 元/斤的鱼。经过高手指点，店老板就添加了 198 元/斤的鱼。一般人点菜的习惯是什么？同样是鱼，很多人都会觉得 198 元/斤太贵了，而 98/斤又有点低，所以 128/斤更容易被点。

终端操作性定价的两大原则

第一条原则：避免极端

第二条原则：权衡对比

所有人买东西时，都会避免极端。所以，定价时一定要考虑顾客购买时“避免极端”的这个原则。对产品进行分梯度定价，就可以对顾客产生非常有效的引导和影响。

第二，权衡对比。

什么叫权衡对比？比如，我想买件衬衫，我把需求大致说了一下“我要白色、纯棉的，高织一点的”。满足我需求的，一共有两件衬衫，一件 1980 元，一件 1098 元，这两件衬衫的价格相差接近一倍。我第一个看的是 1098 元的衬衫，这个衬衫觉得差不多，可以买。这个时候，有经验的店长就会开口说：“先生，其实我们家还有一款衬衫跟这个差不多，价格略高一点，我拿给你看一下。”

一看那件衬衫我就非常喜欢，因为后面这件衬衫纱织更高、工艺更高、版型更修身，各种细节处理得更好。它比 1098 元的衬衫好太多，这个时候，我关注的不再是价格，低价已经不再是这件商品的卖点，这个时候很多人往往会买那个贵的。注意，仅仅是因为它比另外一个产品好，就足以让顾客掏钱购买，这时候跟价格已经没有关系了。

所以，我建议大家在标价的时候，一定要注意顾客“避免极端、权衡对比”的两种心理思维。

终端定价的三大技巧

定价有很多技巧，有很多具体的方法，接下来我给大家分享三个。

第一，神奇数字。

很多零售商研究了很多年都没研究明白，为什么数字“9”会对最终成交有这么大的影响。

尾数是“9”的产品标价，会让购买者有一种错觉，“这个产品好像更便宜一些”。根据统计数据，以“9”作为尾数的标价确实更受消费者欢迎，所以我把“9”称为神奇数字。为什么“9”能如此神奇？因为“9”为尾数的产品看起来就像已经打过折的。所以，定价的第一个技巧，神奇数字“9”，让产品看起来像是已经打过折的。

但是，如果你的产品价格是五位数、四位数，也就是你的标价是“万”或者是“千”，我建议大家尾数的最后两位数都尽量变成“0”，“0”前面再考虑用“9”。

第二，原价对比。

原价对比，就是标价的时候，不止标打折价，还要把原价标上去。“原价对比”刚开始被零售行业运用是在超市。猪肉是这么标价的“原价 19.8 元，现价 16.8 元”，洗手液的标价“原价 9.8 元，现价 6.8 元”。千万不要小看这一点，这种标价方式可以让“便宜”变得很直观，顾客一眼就能感觉到太划算了。特别是做促销活动的时候，把折扣价标上的同时，标上产品原价，效果绝对更佳。因为，顾客对相对价格比较敏感。所以，当我们把相对价格做出明确体现，清楚地标明原价、现价，顾客一看相对原价便宜特别多，这个时候顾客基本上就不会去思考现在的价格到底是贵还是便宜了，他只会觉得跟原价比起来，已经便宜了一大截。

第三，折价循环。

注意后面这句话，“从打折的诱惑到支付价格保持不变的诱惑”，这是非常重要的一个技巧。到底该怎么用呢？举个例子帮助大家理解一下。

一个标价6000元的手机，“十一”大酬宾期间打八折，也就是4800元。在这个过程中，你一定要强调，原价是6000元，现在打八折是4800元，这就是“打折的诱惑”。如果，过了一段时间之后，你发觉卖这个价格根本不赚钱，想把价格涨回来，该怎么涨？其实，不只降价需要技巧，涨价也是需要技巧的。

终端定价的具体技巧

神奇数字：看起来已经打过折了

原价对比：对比标注的价格能有力地带动销售

折价循环：从打折的诱惑到支付价格保持不变的诱惑

如果直接把现在标价4800元的产品标价为5000元、5200元甚至是5400元，没有原价6000元这个对比，顾客就会觉得你在涨价，就会很不爽。这个时候你可以说“因为原材料、人工、物流等成本上涨，所以，原来打8折的这款手机，进行‘折扣上调’，原价保持不变，现在打9折”。原价不变，折扣上调成9折，这种方法，能让价格在悄悄上涨的同时不引起顾客的反感，让顾客直观地感觉到产品依然在打折。

刚开始，为了做品牌推广，牺牲点利润无可厚非，但是，在折扣上调为9折之后，依然亏钱，就可以按照刚刚的套路，经过多次调价一步步将价格上涨，当产品最终回归原价的时候，顾客肯定是不爽的。这个时候商家需要告诉消费者：“我们的促销活动已经结束了，产品恢复原价6000元。”虽然打折对于消费者来说很有诱惑，但是价格保持不变对于消费者来说也有“致命的诱惑”，这就叫从打折的诱惑到支付价格保持不变的诱惑。

同样一部手机，价格从4800元涨到5400元，有两种方式。一种是保持原价不变，折扣上调，另一种是保持折扣不变，原价上调。如果将手机原价从 6000 元调到 7000 元，保持原来的 8 折，7000 元打 8 折后的成交价格是 5600 元。

从原价到打折再到恢复原价，循环往复地向前推进，这是终端定价中很重要的一个技巧，这也是一些相对老道、优秀的零售商们爱玩的一个把戏，但是在家居建材行业，大家运用得还比较少。

还是那句话，未来家居建材行业的所有品类必然会走向精细化。当行业竞争越来越激烈，逐渐进入到充分竞争阶段时，你的每一个细节、每一个微小的变化都将影响最终的盈利。目前，虽然行业的毛利依然相对较高，但是细心的老板应该已经能够感受到，家居建材行业里的部分品类，毛利已经在降低。比如瓷砖、建材、卫浴，它的毛利已经比较低了，可能全年下来纯利还不到 10 个点。所以，终端精细化运营的重要性会越来越明显。

终端定价，是一个非常精细的活儿，需要研究人性和消费者脑中的想法，把所有的东西都研究透了，才能实现终端经营的可持续。

05
PART

顾客管理：
把顾客培养成粉丝

5.1
完美服务，超越期望

如果没有对顾客的管理，就没有老顾客，而没有这些忠实粉丝的持续支持，我们很难实现店面的可持续盈利。所以，必须要把客户变为用户，把客户变为粉丝，然后圈进“鱼塘”并持续经营好“鱼塘”，才能保证盈利能够持续。

不管你在哪个城市，也不管你经营的是哪一个品类，能够获取的新顾客总是相对有限的，也就是我们获取新顾客会有相对的“天花板”。所以，最终所有的营销都会回到一个点，那就是“对老顾客的经营”。

一般人对服务的理解，就是应该对顾客好，可仅仅对顾客好就够了吗？仅仅是对顾客好，顾客就会买你的产品、对你忠诚吗？未必！那我们该怎样做才能让顾客满意，然后成为我们忠诚的粉丝呢？

抓住问题背后的机会

家居建材行业的平民化已经历经了20年左右，我所说的平民化指的是大部分老百姓都能够买得起，至于它工业化生产的历史当然比20年要久。

在20年前，绝大部分普通老百姓是用不起工业化生产的家居建材产品的，那时候他们只需要找个木匠，就把房子建了，把家具做了。近20年，这个行业的供应发生了巨变，工业化生产的家居产品慢慢走进千家万户。

以前，我们靠产品打天下，这里说的靠产品，不是靠“好”产品而是靠“有”产品。如果你是一个在行业摸爬滚打超过15年的人，你一定记得，十几年前，这个行业内的经销商老板不愁销售，不愁产品卖不出去，也不愁没有顾客来买。他们只愁一件事：逢年过节特别是到了年底的时候，没有产品卖给顾客。

那时候，基本上是有产品就能赚钱，跟品类、品牌基本无关，甚至根本没人关心生产这些产品的工厂在哪里，没人在乎工厂的大小、好坏。

发展到2011年前后，开始有人靠“有好产品”来赚钱。所以，大约在五六年前，挑选一个好品牌、好厂家基本上就成为所有经销商需要思考的问题。大家都觉得这个品牌不错，于是认为这个产品必定也是好的，重点在于产品好，因为在那个阶段、那个时代就是靠产品制胜，有一款好产品，就能快速打开市场。

回顾行业历史，你会发现，十几年前有货就赚钱，货根本不够卖；五六年前，有一款好产品就能赚钱。但如今，生意变得繁杂且经营要求越来越高。

我认识一个做家居店的朋友，他经历了行业内的各种跌宕起伏。

2006年的时候，他还在北京做店长，那是中国家居建材行业的第一个黄金时期，生意非常好做，他的收入也很高。于是他就萌生了一个想法："这个生意这么好做，不如自己也开个店。"他曾经给我讲过一件这段时间内发生的小事，有一个顾客在买完一张床后，私下给了他200元。为什么顾客会塞钱给他？因为顾客想提前送货。一个月卖出去20张床，工厂只能发5张，那就意味着有15个顾客不能马上得到产品，顾客觉得如果私下给店长或者销售人员一些钱，到货之后就能优先安排发货。

现今这个市场，哪还会有人花几千块钱买了一张床后，再给你塞200元的？不在买完之后拼命地跟你要赠品、要优惠，就不错了。那个时候的市场就是这么好做，只要有产品就能赚钱，或者是只要有好产品就能赚钱。

于是，在2008年的上半年他也开了一个家居店，做起了卖家居的生意，然而不巧的是，正好赶上了2008年的经济危机。不到两年时间，就把积蓄亏光了，于是在2009年下半年他又重新做回店长。

他关店之后，紧接着行业又迎来了第二次辉煌，2009～2011年是家居建材行业的第二个辉煌期。

大约从2012年开始，大家开始做活动，很多老板觉得"靠价格可以打动顾客"。但是活动做了几年之后，发现活动也不好做了，单靠价格很难去打动顾客。这个时候，还能够真正打动顾客的是体验和服务。简单总结为一句话，就是：销售人员的差异性，成为打动顾客，并最终实现成交的关键因素。销售人员的差异性最终就体现在服务的差异性和体验的差异性。

未来，一个店面，与其他竞争对手最本质、最核心的区别一定是体验和服务，而不再是产品，因为产品已经高度同质化了。

我曾经问过一个做瓷砖的朋友："如果把10个品牌的瓷砖排成一排，你能不能一眼看出来哪块瓷砖是你们家的？"他的回答是："顾老师，对不起，我真分不出来。"其实，他做瓷砖生意3年了，3年的时间，他给出的回答是"分辨不出"，如果老板、销售人员多年的专业积累都无法分辨出品牌的区别，顾客又怎么能分辨得出来到底哪一家的产品好呢？

至于价格到底哪家最低？顾客更是不能分辨了。我们前面讲过，顾客对价格的敏感度是有限的，他们对相对价格敏感，而对绝对价格不感冒，所以，这时候顾客反而更在乎服务和体验。

一个店面，不管你在哪一个城市，要想持续经营，持续盈利，服务和体验一定要有差异性。

把老顾客培养成回头客

好的顾客经营对销售人员来说有多重要？会给销售人员带来哪些影响呢？

做过销售的人都知道，每次在做活动或者冲业绩的时候，来自公司的业绩压力会让人喘不过气来，这个时候谁给你的支持最大？谁才是你业绩的保障？不用想，一定是那些你曾经对他好的老顾客。我并不单指你的顾客，我指的是“你曾经对他好”的顾客，这些人给销售、导购的支持才是最大的。不仅如此，销售或者导购对顾客好，并且能够持续为顾客创造价值，这样员工在接待顾客的过程中，会与顾客形成良好的互动，从而让员工收获更重要的工作成就感，在一定程度上，这才是员工热爱工作的更重要的原因。

我们经常听到一句话：顾客就是上帝。所有顾客的要求都应该尽量满足，经常有人穷尽一生来获取顾客百分之百的满意，一旦顾客与员工发生冲突，不论对错，先骂员工，时间一长，员工自然就不开心。其实，员工不爽，是会影响他与其他顾客之间的互动和服务的，最终影响的还是顾客的体验。同样，只有顾客得到好的服务，他才能和销售人员进行良性互动，最后员工才能在和顾客交流、互动的过程中，获得顾客的认可，从而收获成就感。并且，与顾客之间形成良好的人际关系，还能促进最终的成交。

所以，好的顾客服务对销售人员来说是非常重要的。顾客关系这种良性的互动，其好处不仅仅是体现在业绩上。需要强调一点，在店面经营过程中，一定要记得“员工第一，顾客第二”，如果员工每天都是开开心心的，顾客走进店里才会如沐春风，才能身心舒畅，购物愉快。所以，员工的满意才能成就顾客的满意。

以上都是从感性的角度来阐释顾客服务的重要性，接下来，我们从纯理性的角度来看一下：顾客服务到底有多重要？

顾客服务的重要性

1. 据研究发现，一个企业总销售额的80%来自于占企业顾客总数20%的忠诚顾客，而顾客流失率降低5%，企业的利润就会增加25%~85%；

2. 同时吸引一个新顾客所耗费的成本，大概相当于保持一个现有顾客的六倍。

我相信这个数字大家都心里有数，一般情况下，一个企业总销售额的80%来自于20%的忠诚顾客。有的人说：“顾老师，我们这个行业重复购买率是很低的。比如，你是买瓷砖的，不可能刚买完没多久就敲掉重新换一批，这不现实。”其实，我所说的对老顾客的经营，并不只是要让所有老顾客再次购买你的产品。

重点在于，虽然这些老顾客可能不会再次消费，但是他身边的亲戚、朋友、邻居等，这些人是有可能需要装修房子的，也需要买瓷砖、门窗、卫浴和家具。老顾客流失率每降低5%，企业的利润就会增加25% ~ 85%，足见降低顾客流失率的重要性。

但是，你会发现这个行业大部分老板干的就是一锤子买卖，而吸引一个新顾客所耗费的成本，大概相当于维护一个现有顾客的6倍。店面的房租、装修、产品展示、人员工资等都是需要很高的成本来维持的，所以，这个行业的属性决定了商家的获客成本会比较高，而对于老客户而言，只要你稍微对他好一点，他就能跟你保持良性互动。

所以，与其高成本地去获取一个新顾客，不如降低成本维持一个老顾客来得划算。正因如此，我才会一再强调顾客服务的重要性。

感官刺激，把人留下

其实，苹果打算在中国区建立体验店的时候，中国绝大多数的经销商都是反对的。因为苹果的体验店要求全部建在高档的商业中心，建在每个城市最繁华的街道上，所以成本相对来讲是非常高的，而且体验店能卖出的产品却不多。

所以，在高成本对应低收益的情况下，整个中国区的经销商都认为，这个套路费力不讨好，根本不会赚钱，既然不赚钱、不卖货，还把店面做得这么漂亮干吗？正因如此，苹果的体验店，基本上没有经销商来投。

但是苹果总部的嗅觉是很敏锐的，他们觉得未来消费者一定是更倾向于体验购买，而不仅仅是停留在产品和硬件上。所以，战略上决定必须做线下体验店，既然中国经销商不投，那就开直营的店面。所以，当时中国的苹果体验店，都是美国总部直接投资经营的。

在经营一段时间之后，经销商惊奇地发现这些体验店不但生意很好，而且不是一般的好，这个时候，就有很多经销商开始争相去接手这些体验店的经营。为什么体验店的生意会如此好？当你天天去体验店里玩手机、玩Pad，时间长了，玩儿上瘾了，就想自己也买一个。所以，对顾客来说，现在更倾向于购买体验，而不仅仅是产品。

有一次我去北京一个烘焙店买蛋糕，惊奇地发现，在店里的桌子上放了3台iPad，平时谁会在烘焙店里面放这个东西？我问过店家才知道，是为了让顾客在等点心出炉或者打包的时候坐在这里玩一下，等的时候就没有那么无聊和焦躁了，这也是服务，很贴心的服务。

顾客更倾向于购买体验，
而不仅仅是产品。

如果导购的亲和力更好一点，职业化程度更高一点，顾客在整个购物过程中的感觉就会非常爽，因为这种不错的感知体验，即便是多花一点钱来买产品，他也觉得值，这个感知，通俗一点就叫体验。

所以，顾客的服务、体验至关重要，它可以帮我们留住优质顾客，而优质顾客对店面的经营和后续的持续盈利有着非常深远的影响。

5.2
不卖产品，卖服务

终端服务的三个级别

很长一段时间我们都觉得，只要我们对顾客好，用心服务，顾客就会买我们的产品，可是大量事实证明，很多顾客就算你对他好，他也不会买。因为仅仅是好，对于顾客来说已经远远不够了。所以，我把终端的整个服务体系，分为三个级别，成为我独创的“三级服务理论”。

“终端三级服务理论”具体分为哪三级？第一个级别是视觉吸引，第二个级别是极致体验，第三个级别是创造价值。

第一个级别：视觉吸引。

什么叫视觉吸引？店面的环境、灯光、氛围，这些都是“第一个级别的服务”。一个店装修得好不好对顾客来说也是一项服务内容。比如苹果体验店，装修得通透、舒适，待在里面非常轻松。所以，“三级服务理论”的第一个级别是“视觉吸引”，也就是让顾客的眼睛看得舒服。

让顾客的眼睛看得舒服，本身就是非常重要的服务。比如把我们的导购打扮得更职业、更规范，他们的穿着打扮，以及流露在外的专业气质对顾客来讲就是一种视觉吸引。两个人相亲也是一样，第一眼，首先看顺不顺眼，这也是视觉吸引。所有的服务，首先要解决的就是视觉吸引的问题。

终端“三级服务理论”

第一个级别——视觉吸引

第二个级别——极致体验

第三个级别——创造价值

第二个级别：极致体验。

什么样的体验才算是极致体验？去过苹果体验店的人都知道，你可以在店里玩一天，完全没问题，很多中小学生经常一去就玩一天，这就是极致体验。家居建材的终端也有类似的情形，就是对顾客超级好，什么问题都能解决，什么需求都能满足，这也是服务上的极致体验。所以，极致体验就是要让顾客在每个细节都特别舒服。

第三个级别：创造价值。

我曾经说过：“对顾客来说，仅仅对他好是不够的，仅仅让他满意也是不够的。”“终端三级服务理论”的第一个层次和第二个层次基本能够解决顾客的满意度，可是，如果想要把顾客变成忠实的粉丝、忠诚的追随者，甚至变成铁杆粉，就一定要为顾客创造价值。顾客为什么掏钱买我们的东西？一定是因为我们有价值，如果不能为顾客创造价值，顾客也不会跟我们玩，更不用说成为铁杆粉丝了。

如何才能创造价值？

仅仅是打电话，通知顾客有活动，绝对不能称为“创造价值”。

所谓创造价值，就是在顾客的整个消费过程中，包括消费前、消费后，以及售后的跟进过程中，都能不断为顾客提供你本职工作内外的服务，不断为其创造价值。比如你是经营建材产品的，除了自家的产品，如果你还能够针对其他商家的产品为顾客提出建设性的意见或建议，甚至给出更好的搭配方案，顾客就会觉得你在为他创造价值。

好的店面、优秀的销售人员一定是通过不断为顾客创造价值，来获得客户的认可和极致的忠诚。如果你不能为客户创造价值，客户跟你的关系很可能会被取代，你对顾客的好，他到别家一样能够享受到。进了你的店，有咖啡、有茶点、有各种美食，客户有任何需要都能得到满足，这种体验非常好，顾客对你家的评分一定比别家高。可是这些服务竞争对手也能做到，甚至有可能比你做得还好，你完全有可能被取代。

比如海底捞，曾几何时，海底捞极致体验的名声是非常响亮的。去过的人都知道，服务真的特别好，额外的服务就有十几项，可以免费美甲、按摩、游戏等。但是，如果服务不能为顾客创造价值，很快就会被别人取代。

现在的海底捞已经没有当年那么火了，2010 年、2011 年、2012 年这三年是海底捞最火的时候，那时很多人都以去海底捞吃饭为荣。为此，我还特意研究了一下它的服务模式，确实很厉害。海底捞的整体服务从根本上讲，就是在解决终端三级服务理论中的第二个层次“极致体验”。

终端三级服务理论的第一个层次，解决的是店面的“硬装”；第二个层次解决的是店面的“软装”；第三个层次，是从心出发，来经营顾客的心。这一层必须是由人来经营，由人来完成的。

把装修做到视觉吸引，让顾客看着舒服，有视觉享受，这一点并不难。把氛围做好，把细节做到位，给顾客以极致的体验，这一点做起来也还有据可循。但是，想要达到服务的第三个级别，就需要由优秀的团队、出色的销售人员来共同完成，这一点可以让你在顾客心中不可取代，这也是店面最核心的竞争力。如果未来你想要持续得到顾客的认可，持续打造顾客的忠诚，就必须要思考“你的服务如何持续地为顾客创造价值”。

拉近与顾客关系

接下来就为大家系统地讲解一下，售前、售中、售后的服务该如何做好。

售前

整个售前的服务需要考虑三点：第一，“亲善大使”的第一印象；第二，整洁的仪表、真诚的微笑；第三，避免不良的形体语言。

其实，这三点都停留在视觉所能呈现出来的，顾客眼睛所能看到的东西，也就是服务的第一个层次。

在我们接待顾客之前或者刚刚接待顾客的时候，能够传递给顾客的都是一些外在的东西。售前还没有和顾客开始聊产品、聊需求。在顾客还没有进店，或者顾客已经进店，可以和他们面对面地进行沟通、交流的时候，声音都是最好的传递介质，它可以向顾客传递我们的亲善，传递我们的微笑，传递我们良好的职业素养。所以，我们强调的售前服务，如果能做到规范，做到高职业素养的传递，就非常不错了。

售中

当顾客真正来到店里，我们需要考虑的事情就和售前不太一样了。这个时候，需要的是良好的表达技巧、倾听技巧和沟通技巧，要有满足顾客需求的技巧，要能为顾客提供附加的服务。这个时候我们需要真正打动顾客，最终实现成交。所以，在售中需要考虑的绝对不仅仅是视觉上的东西，售中需要极致体验，更需要为顾客创造价值。

如果销售人员不能具有非常好的沟通技巧，不能很好地理解顾客的需求，就很难满足顾客的需求，自然也就不能为顾客创造价值。既要想得明白，还要说得出来。所以，售中服务，需要更多地思考为顾客创造价值，我们至少要保证不错的用户体验，否则在这个环节想要成交很难，售中是拉开跟竞争对手之间差异的最佳时机。

到底什么是“为顾客提供附加服务”呢？主要有三点：让顾客惊喜，让顾客感动，想在顾客前面。

前两年去银行转账还需要填单子，不像现在这么方便，直接微信、支付宝就能转账。那会儿在银行办理很多业务都需要填单子。这么多年来，银行的服务一直是被人诟病的，很多人都觉得银行的服务特别差。有一次我去北京的一个银行转款，去的时候也没指望那里的服务有多好。到了之后，我就去找大堂经理要汇款单子。但是，大堂经理在给我拿单子的时候，一次性给我撕了两张。

我当时的第一个反应就是我只需要一张，于是就对他说：“我只汇一笔款，一张单子就够。”

大堂经理对我说：“先生，因为我们这个项目比较细，所以很多人在填单子的时候，一不小心就会填错，如果您填错了，再来找我要单子会比较麻烦，所以，我一次给您准备两张，万一您填错了，可以直接换一张重新填写。如果您比较小心，比较认真，没有填错的话，走的时候就将这张空的单子留在台面上，会有人过来收的。”

听完这段话，我马上对这家银行的服务有了不一样的认识。这个服务真的太贴心了，银行对很多顾客发生过的状况进行了提炼，把事情想在了顾客的前面，让顾客有惊喜，有感动。如果我真的一不小心写错了，再去找大堂经理拿一张空白单子，也不会觉得他的服务不好，但是绝对不会有惊喜。这就是这位大堂经理为我这个顾客创造的附加价值：惊喜和感动。

只有想在顾客的前面，才能实现让顾客惊喜、让顾客感动。所有的好服务都有一个共同的特点：意料之外，情理之中。银行的大堂经理给我两张汇款单就是情理之中，却也在我的意料之外。

有一次我去饭店吃饭，吃饭过程中发现手机没电了，就对服务员说：“我是三星的手机，手机马上没电了，你能不能给我找个充电器，我充一下电。”然后这个服务员说了句：“先生，您稍等一下。”没过两分钟她拿着一个充电宝和一条数据线走了过来，放在我面前说：“先生，如果我拿充电器给您充电，可能您回信息、接电话都会不太方便。所以，我给您拿了一个充电宝，您可以边吃饭边充电，充完之后不用还给我，直接放在收银台就OK了。”

虽然一个充电宝不值多少钱，但是人家不担心我把充电宝拿走，所以首先，她对我这个顾客给足了信任。然后，为了方便我的使用，他贴心地为我准备了充电宝，而不是拿到前台或者插在某个地方去充电，这就是惊喜和感动，这就是把问题想在顾客前面。

说到服务，尤其是售中服务，有句话特别想送给大家，那就是“微笑是最好的服务”。

不管你是什么国籍，是什么种族，是男是女，也不管你在什么地方，只要对面来的人满面春风，对你微笑，任何人都会觉得亲切。微笑可以让对方舒服，这样相处起来没有压力。

所以，我在讲销售人员的招聘，以及销售的过程中，反复强调，优秀的销售人员一定要具有非常好的亲和力。其实，优秀的店面也应该具备非常好的亲和力，而店面的亲和力来自于店面内营造的舒适氛围和员工的亲和力。再次强调，微笑是最好的服务。

售后服务

关于售后服务如何做好，我同样要跟大家讲四点。

第一，从一而终。

其实，前几年在家居建材行业，大家都不太注重服务。在销售人员的意识中存在一种认知：对于一个顾客的服务到成交的那一瞬间就算完成了，后期的送货、安装以及售后，具体有没有人来对接，跟我没多大关系。所以，就导致了一种非常恶劣的现象，销售人员对顾客的态度在成交前和成交后经常出现 180 度的大转弯，包括在顾客想要买但最后决定不买了之后，销售人员的态度也是完全不一样的。这种行为都在直接或间接的伤害我们的顾客，对后续的服务、经营来说有百害而无一利。所以，我希望大家能学会“从一而终”。

我所说的服务“从一而终”其实有两层含义。

首先，是“人”的从一而终。意思就是不管在后端是不是有专业的团队来支撑你服务的这个顾客，你都需要一直跟进好、服务好你自己的顾客。为什么很多销售人员会认为销售成交的那一刻他的工作就完成了？因为在后端有专业的团队、专业的人员来做服务。比如测量、送货、安装、售后等，所以，销售人员才会认为签完单之后就完事了，而事实并非如此。

顾客之所以从你这买东西，能够在你这里消费几万、十几万甚至更多，一定是基于对你的信任。可你收了钱就不管了，顾客之后出现了任何问题找你却找不到，这时候往往会爆发一种极端的状况：一点小问题最后发展成大毛病。为什么？

因为负责售后的人，跟顾客之间没有沟通，相互之间连最基本的信任都没有，如果想让他们之间建立联系，重构信任，很难！所以往往就会因为一些小问题最后发展成大毛病。

所以，“人”要从一而终，不管你经营多少品牌、多少店面，整个团队分工有多专业、多系统，我都建议，每一个销售人员在与顾客成交之后，都要把售后的服务跟进好，至少要参与。在顾客预订完东西需要安装、送货、上门去施工的时候，如果能接到你的电话，他马上会有亲切感，基于之前的沟通和服务，他对你有信任、有好感，事情进行得就会比较顺利。反之，一大早起来，就听到店里安排的安装人员去敲门，或者多次打电话都不上门安装，早上到不了，晚上还到不了，这时候顾客就不爽了。但是顾客的这种不爽如果是你去沟通解决，即便他不爽，也会好解决一些。人的从一而终要求的是销售、导购要对售前、售中、售后等一切和顾客相关的服务进行跟踪和参与。我们建议有些大单，完全可以让销售人员参与送货，耽误一两个小时的时间对店面不会有太大的影响。

其次，态度要从一而终。

不管是收钱还是没收钱，是收钱之前还是收钱之后，都要保持同一个态度，持续地对顾客好，为顾客创造价值。如果顾客今天没下单我们的态度就 180 度大转弯，顾客还会回来吗？就算后续真的有需求，要买同类的产品，我相信你已经不在候选名单之内了。我们都希望得到老顾客的转介绍与后续推荐，可如果售前、售后不是一个态度，我们所希望的转介绍还能实现吗？所以“从一而终”的第二点，就是要求销售人员的态度在售前、售后要一致，始终为顾客创造价值。

第二，跟进三个电话。

成交之后，需不需要打电话对顾客表示感谢？需不需要约定一下大致的送货时间和安装时间？

“顾先生您好，非常感谢您选择我们家的产品。我仔细看了一下，根据之前和您的沟通，我们大概在下个月 10 号左右会给您送货，我 10 号之前会再跟您确认具体的时间，看您哪天比较方便……”这是第一个电话，顾客听完之后心里一定很舒服，“买完之后还有人惦着我，真好”。

到了 8 号的时候，我们再跟进第二个电话。

销售：“您好，顾先生，我是 ××，您半个月之前在我们家订了一套家具，当时约定的送货时间在 10 号左右，今天来电话的目的就是想跟您预约一下具体时间，我们9号、10号、11号都可以给您送，您看您哪天比较方便？”

顾客：“那就10号吧。”

销售：“10号的上午还是下午？我们大概什么时间到不会打扰您？”

顾客：“下午，三四点的时候吧。”

这是第二个跟进电话。

说到第二个电话，我想跟大家讲一件事。上周六，因为前一天晚上很晚才回到北京，所以早上9点的时候，我还没起床。好不容易觉得可以睡个懒觉了，结果一大早就有“砰砰砰”的敲门声。我不开，他就一直敲，不开门是不行了，我就起来把门开了。门外是送快递的小哥，抱着一大箱东西站在门口。快递小哥给我送货也很辛苦啊，他帮我把东西搬进屋时，我就问他：“帅哥，你有没有想过，万一你大早上来我不在家，你不就白跑一趟？其实你可以提前打个电话跟我约一下，这样我有个准备，你也不至于跑空。”那个帅哥说：“因为是周末，我想到大家应该都在家，现在又是早上，一般要出去的都安排在下午。”

听了这话，我就有点不爽了。其实，现在快递的服务已经很好了，但是这次的送货体验让我很不舒服。万一我不在家，他要把货带回去还是随便找个什么地方就放下了？况且，说实话，任何人早上想多睡一会儿的时候，被“砰砰砰”的敲门声叫醒，都会不爽的。所以，销售的第二个跟进电话就有效地避免了这种情况的发生。

如果能够和顾客提前预订一下送货、安装、施工的时间，就不会出现唐突了顾客的状况，万一顾客不在家，也不至于让送货员或者安装工白跑一趟。这就是跟进第二个电话的重要意义。

第三个电话干什么呢？送完货、安装完、施工完之后，打电话跟顾客表达两个意思。首先是确认一下在安装、服务、施工的过程中顾客的体验怎么样？其次，要向顾客表达一下，后续有什么问题可以第一时间联系你，让顾客不仅对过去和现在的服务满意，还要感觉到未来的服务也很好。要让顾客觉得：“这个销售员太负责了，不仅在我买的时候帮我出谋划策，还跟进送货和安装，确认各种细节，生怕我不满意，这些都做完了，最后还给我吃一颗定心丸，给了一份对将来的保障，不管出什么事我都可以联系他，真不错。”这个时候，你已经得到了顾客的欢心。

其实，销售人员还可以再强调一句：“在使用的过程中万一有什么不懂的，不太明白的，都可以随时给我打电话。”或者再加一句：“就算不是我们家的产品，只要我能做的，你打电话给我，我都会尽力而为的。”如果顾客听了这些话，内心一定会非常舒服。

所以，千万不要钱一付完，就跟顾客断了关系，这“三个电话”必须跟进。只要做好这几点，就算后面顾客在使用的过程中有一点小问题，也不会来找你麻烦的，自然就不太会产生退货、投诉等大问题。

第三，妥善处理顾客投诉。

首先要调整心态，摆正位置。所有人都不希望顾客投诉，但是，如果顾客真的对你们家的产品不满意，你要记住：“来投诉的顾客对你一定都是真爱，来投诉的一定比不来投诉的顾客更好。”这个道理很简单，就像两个人过日子，肯吵架至少说明两个人还想一起过下去，如果连架都不愿意吵了，两个人距离分手也就不远了。

建立档案，保留名单

如何建立顾客档案呢？

如果想要真正的建立一份顾客档案，不仅要考虑已成交用户，还需要考虑潜在的和意向的客户。

关于潜在客户的归档重点在于“名单为王”。什么样的客户可以称为潜在客户呢？不管是买来的，扫楼扫来的，还是其他渠道交换来的，这种客户只需要记录姓名、电话，有个名单就足够了，其他内容不需要写得太详细，否则成本太高。

有意向的顾客主要指曾经来店里看过的，或者经推荐来到店里的，这算是比较精准的顾客。这些人是真的要买家具、买建材，并且对你们的产品还有点兴趣，这样的顾客就需要收集相对完整的信息。比如，小区在哪里？装修到什么程度了？什么时候拿钥匙？大概要装修成什么样的风格？已经挑选了什么产品？

而对于已经购买的顾客，那就需要建立完整的顾客档案。

什么是完整的顾客档案？就是在做顾客经营、服务的时候，记录得越详细越好，甚至连孩子的生日、学校、年龄、性别都要记录。记录的条目每多一条，你在做顾客服务的时候就会多一个突破点。多一个与顾客发生关系的点，就多了一分成交的可能，这一点非常重要。

顾客档案建立有几个需要注意的地方。

第一，统一的纸质档案。

很多店里都备有纸质档案，但是没有店面统一的纸质档案。因为绝大部分顾客资料基本上都掌握在每个导购手里，也就是说如果店里有 4 个导购，可能是 4 个导购每人一份顾客档案，自己经营，自己管理。那这个顾客档案就很难界定到底是员工个人的，还是公司的。万一哪天不小心这个档案丢了或者掉到水里，就再没有第二份了。所以，档案一定要由店面统一来管理。

现在国内有一些大的零售商已经开始对顾客进行统一的管理，顾客一旦在公司建档，这个顾客就属于公司，成交之后当然有销售的提成，但是所有的经营、维护，由公司统筹安排，这一点非常重要。

第二，建立电子档案。

为什么要建立电子档案？因为仅有纸质档案是不够的，存在很大的风险。纸质档案有一定的先天缺陷，比如丢失、人为损坏等各种极端情况都有可能发生，所以，这个时候必须要考虑把电子档案作为备份。而且，如果需要做平台化的统一营销，不建成电子档案根本不行。我建议大家，店面的顾客资料不仅要建立电子档案，而且每月都要对电子档案进行更新和升级，对客户信息加以优化。其目的就在于，将这个月新收集的客户信息进行录入、整理和完善。

第三，记录项目力求详细。

还是那句话，不管是意向顾客还是已购顾客，每增加一个记录项目，对销售人员而言，在与顾客发生关系、沟通交流、建立信任的时候，就都多了一个切入点，这一点非常关键。

➢ 售前：让客户心心念念
➢ 售中：与客户情谊绵绵
➢ 售后：须做到藕断丝连

核心：持续贡献价值

关于整个售前、售中、售后的服务要达到的要求，我们可以用几句非常精炼的话来归纳一下：售前让客户“心心念念”，售中与顾客“情意绵绵”，售后一定要做到“藕断丝连”。

售前让客户心心念念

不知道大家有没有谈过恋爱？就算没谈过，至少也看到别人谈过。谈恋爱刚开始的时候，两个人一定是彼此想着对方，想要见到对方，这就是心心念念。如果两个人见完面，不出现彼此想着对方的现象，最后很难发展成为男女朋友，结婚更不可能。

另外，心心念念可不是让我们天天想着顾客，而是让顾客天天想着我们，对我们的产品、我们的店面、我们的销售人员心心念念。只有你对顾客好，顾客才会想着你，只有你向顾客展示了自己足够吸引人的那一面，顾客才会一直想着你，对你心心念念。

售中与顾客情意绵绵

有过销售经验的人都知道，我们在销售的过程中最怕的就是，有一天顾客突然给你发了条信息："××，不好意思，我订了×××家的沙发，你们家的产品我暂时就不考虑了。"一旦看到这样的信息，估计想死的心都有了，可是本来稳稳的单子，不可能平白就这么飞了，肯定是有原因的。为什么会出现这种情况？因为你没有跟顾客做到"情意绵绵"，你给了别人挖你墙角、撬你顾客的机会。

只有两个人持续保持良性的互动，才有可能不被其他人抢单。人与人之间的关系就是如此。所以，只要我们对顾客足够好，并保持一定频率的持续联系和跟进，不断为顾客带去价值、带去服务，其他的竞争对手就很难把我们的顾客抢去。因此，售中要注意与顾客保持"情意绵绵"。

售后做到藕断丝连

大家对"藕断丝连"这个词的印象可能不太好，但是这都不重要，重要的是它"看似断了却还能连在一起"的这个意思。过去5年、10年，大部分的成交还都是收钱之后一刀两断，但是走到今天，当我们对顾客的经营越来越重要，对终端的经营要求越来越高的时候，这种做法显然有点愚蠢。老顾客已经成为终端的一笔重要财富，必须好好加以维护。

所以我们就要像藕一样，虽然断了但丝依然连着，尽量让我们跟顾客之间偶尔还能有点联系。比如说，逢年过节有个问候，有个小赠品送给顾客，或者为他们提供一些增值的服务。

现在，已经有越来越多的品牌开始做"顾客服务月"，就是在12个月中，单独挑一个月出来，跟进老顾客，为他们提供一些免费的服务，这就是在成交之后依然跟顾客不断发生关系，我们称之为"藕断丝连"。

如果不能做到这一点，想要获取顾客的转介绍或者客户推荐，基本不可能。

我有一个朋友，在天津做卫浴，他做售后服务到什么程度呢？举个简单的例子，凌晨2点顾客给他打电话："老板，我们家的下水道马桶堵塞了，你能不能过来看看？"他二话不说，马上出发。冬天，骑半小时电动车去给顾客捅马桶，这个服务有多好，你可想而知。即便你没办法做得这样周全，但至少应该跟顾客保持偶尔的联系，如果连偶尔的互动都没有，何来转介绍？何来推荐？可能过不了多久，顾客连你是谁都忘记了。

不管售前、售中，还是售后，

核心都是持续为顾客贡献价值。

不管你经营什么品牌、做什么品类、单价多少，所有经营家居建材行业的人都应该记住这句话——"不管售前、售中，还是售后，核心都是持续为顾客贡献价值"。

"贡献价值"指的是除了产品、服务之外的东西。比如，所有人买房子后，心中都怀揣着一个对家的梦想，一份对美好生活的向往。想要实现这个梦想，顾客在装修的过程中就需要搜罗很多种搭配，做很多选择，对比很多方案，需要考虑的东西实在太多。如果在这个过程中，我们能够为顾客创造更好的方案，让顾客获得更好的结果，甚至是给顾客准备一些意外的惊喜，这都叫作持续贡献价值。

如果不能做到这一点，我们的整个销售就是失败的，整个终端对顾客的经营和顾客关系的打造，就很难持续。

所以，我们强调，不管是在售前、售中，还是售后，想要真正经营好顾客，就一定要持续地贡献价值，持续地得到顾客的认可。因为我们要的不仅仅是顾客的满意，更是顾客的忠诚。持续地为顾客贡献价值，能让你在顾客心中变得不可替代。这样一来，在店面装修、产品品质、形象氛围不分伯仲的时候，顾客就会更愿意选择你的产品。

关于持续贡献价值的话题，我们在后面的“顾客持续经营、互动、维护”中还会有更多的阐述。

以上，讲的是服务对商家、员工的重要性，以及如何在售前、售中、售后对顾客做更好的服务。顾客管理服务一共可以分为三个层次，首先要让顾客看得舒服，然后让顾客在购物过程中有个美好的体验，最后一点也是最重要的一点，要能为顾客持续地贡献价值，持续得到顾客的认可，最终收获顾客的忠诚。

5.3 顾客的日常管理与维护

把握节点，掌握频次

顾客的日常管理与维护应该注意什么？我对此归纳为两点。

第一，顾客沟通的时间节点。

如果，有一个昨天与你仅有一面之缘的人，今天就打电话约你一起吃晚饭，这时候，你会怎么想？一般的人都会觉得他的做法非常唐突。当事情发生得太突然，进展又太快的时候，人的心里就没有办法做好准备，所以说时间节点很重要。

如果顾客是第一次来店里，你和他聊了半个小时之后，要到了他的电话号码或微信号。当这个顾客离开之后，在和他仅有一面之缘的情况下，我们该如何与之开展第二次联系呢？我建议大家在顾客走后，发一条信息给他：

“您好，××大哥，我是××品牌的家居顾问××，今天跟您在店里聊的这段时间收获很多，非常开心，这是我的手机号（微信号），以后您在家居方面有任何问题都可以咨询我，再次感谢您的光临。期待下次与您见面！”

如果在发完这个信息三五天之后，你们家开始做促销活动了，需要邀约顾客时，你再给这位顾客打电话或者发信息，对方就不会觉得唐突了。

我曾经对很多朋友说过，千万不要给只有一面之缘的顾客打电话。因为，如果你给一个只来过店里一次的顾客打电话，光向顾客解释你是谁、你是什么品牌，就需要最少 2 分钟。有经验的电话销售都知道，没有一个素未谋面或者仅有一面之缘的人会把你这 2 分钟的介绍听完。不超过 10 秒，顾客肯定挂你的电话。但是，如果你能在电话邀约之前，有 1 ～ 3 次的信息沟通作为铺垫，当你再打电话给顾客的时候，他做出的回应是完全不一样的。所以，第一次电话沟通前的信息沟通非常重要。

顾客日常管理与维护

1.维护的时间节点

2.顾客维护的频次

现在这个社会，大家都会经常接到一些做推广、做销售的电话，包括我自己也接到很多。不过我发现一个奇怪的现象，只要这个公司或品牌曾经给我发过信息，即便这个信息是推广，我也能听他说两句。但如果是一个没有任何印象的企业或品牌，我就直接不接或者很快挂掉了，为什么会发生这种状况？后来我发现，是因为之前的信息让我对他有了一点点的信任储备，所以，在第一次接到电话的时候，我不觉得反感。也就是这几条信息，为他的第一通电话打下了基础。所以，千万不要直接和仅有一面之缘的客人联系，维护顾客的时间节点非常重要。当然，像“五一”“十一”这样重要的节假日为顾客带去问候，也是很重要的时间节点，大家都要掌握好。

第二，顾客维护的具体频次。

顾客维护的具体频次指：你什么时候联系顾客？多久联系一次？联系多少次？我曾经问过一些人："如果你和父母、亲人不在同一个城市，或者你在城里，他们在农村，你多久会给他们打一次电话？"

绝大部分人给出的答案是：一周左右。有些人甚至平均一周都达不到，也有一些人能够一周给父母打两三次电话，当然正在热恋期的情侣们就不统计在内了。由此可见，大部分时候我们和亲人之间的联系频次也仅仅保持在"一周一次"。

如果你和自己最亲近的人也只能保持一周一次的沟通频次，那你一天给顾客打 3 次电话，顾客会是什么感受？可能第一次接到你的电话，他的态度还可以；第二次，脾气好点儿的人也就忍了。但是如果频繁被骚扰，任何人都会觉得很不爽，你被顾客讨厌也就很正常了。所以，大家一定要谨记，和顾客沟通的时候应该保持适当的频次。我给大家的建议是，每月主动联系顾客的次数不要超过 3 次，最好保持 2 ~ 3 次。如果说你一个月都不联系顾客一次，顾客慢慢就把你忘了。如果你联系的次数太多，顾客又会有一种被骚扰的感觉。

所谓"主动联系"，就是指我们主动去联系顾客，顾客打过来的电话不算在内。如果是因为同一件事需要和顾客进行多次沟通、确认，也不计入你每月主动联系顾客的次数内。比如，你带着工人去顾客家量尺，可能早上出门前你需要电话确认一下顾客是否在家，等到达之后又需要再次确认，一天内就和顾客主动电话沟通两次，但是顾客对于这种沟通并不反感，反而会觉得你是为他着想，事事想得周到体贴。所以，像这样因为同一件事情需要与顾客进行多次沟通、确认的也不算在每月 3 次沟通之内。

有一个大家经常闯入的误区，我必须跟大家强调一下。千万不要觉得，顾客给你留了微信、电话，就表示对你很信任，其实并没有。所有顾客在留微信、电话的时候内心都是纠结的，他们内心并不情愿，但是为什么又给你留了呢？那是因为跟你聊了很久不给感觉不太好，拒绝也是需要勇气的，顾客是在内心极不情愿的情况下将联系方式留给你，如果在这之后你经常不分场合、不分时间，不断用电话轰炸他，那你很快就会被“拉黑”，所以和顾客打电话一定要注意频次。

很多人说：“顾老师，既然打电话的频次不能太高，那我发信息总可以吧？”当然，信息是可以多发一点，但是也不能天天发。

顾客日常管理与维护

电话、短信、微信沟通原则

- 招呼　问候语在先　如：您好，王小姐！
- 称谓　以客人姓氏称呼，且自我介绍
- 语气　温柔且自信
- 言语　清晰礼貌、自然友好
- 内容　简洁明了
- 时间　以不打扰客户工作或休息为原则

电话及短信措施模板化

拿我自己的亲身经历来说，平常我都在北京工作，隔三岔五还能收到全国各地的朋友给我发来的当地的天气预报。我就纳闷了，我在北京，你发个日照、青岛、大连、齐齐哈尔的天气预报给我，这是什么意思呢？后来，我发现这些人是在做顾客经营，而且他们的顾客经营竟然完全是靠群发。前面其实我也讲到过微信营销，即便你再不会管理客户，微信做个分组后再群发消息，总是能做到的吧？如果不管是自己的亲戚朋友还是客户，一次、两次群发，我都能忍，但如果超过一星期，每天早上给我发这种信息的人，我就会直接把他删掉。

所以，留下顾客的电话、微信，不代表你发发信息、打打电话，就可以坐等成交，顾客维护的时间节点和频次对于成交的转化至关重要，每一个时间节点都需要你好好斟酌，绝对不能浪费顾客对你的信任。

注意细节，增进感情

前面我们具体讲述了电话、微信、短信的一些沟通原则，在这里，我们重点讲一下招呼、称谓、语气、语言、内容、时间等，关于这些，其实大家现在做得都还不错。

电话里的第一句问候

打电话时的第一句问候，一定是问候语在先。“您好，王小姐”和“王小姐，您好”，二者是有很大区别的。其实很多人在跟顾客打电话的时候，都没有把自己讲明白。把自己讲明白不仅仅是“你叫什么名字，做什么品牌”，更重要的是要说明白“你是干什么的”以及“你能干什么”。

“你是干什么的？”

“我是卖沙发/瓷砖/卫浴……”

“你能干什么？”

“我能给你提供比别人更好的解决方案/创造性的解决方案。”

“你是干什么的”和“你能干什么”是有本质区别的，自我介绍是一个人的自我修炼、自我呈现，要让对方听完你的自我介绍之后对你欲罢不能。这里面包括说话的语气、言语、内容、时间，这些东西都需要慢慢修炼、慢慢打磨。

电话及短信的措辞模板化

我们先来讲一下什么叫“电话及短信的措辞模板化”。就是你每次和顾客打电话、发短信都好像是一个模板。最简单的模板化就是每次短信、电话的开头和结尾都是一样的，只是中间的主体内容不一样。

为什么要模板化呢？因为只有模板化，才能使品牌或者个人在顾客心中的正面印象得到持续叠加。

我是几家零售品牌的会员，这些零售品牌偶尔也会给我发一些信息，我每次收到的消息，虽然可能也是来自不同的号码，甚至是不同的平台，但是每条信息前、后的内容始终保持不变。其实，信息前后保持不变的内容渐渐就成了品牌标志，这个时候，我就不太关心对方是用什么号码发信息给我，具体由谁来发信息给我，而只关心信息内容，这就是一种品牌叠加效应。

和客户增进感情的技巧

*两个“大忌”：
1.成交一次、不再联络；
2.频繁联络、导致厌烦。
*两点“注意”：
1.不要为了销售去联络；
2.你联系客户的目的，就是给他价值。
（不提供价值就不应该跟客户联系）

如果对外发送的所有消息都能够保持统一性，就能对我们的品牌、服务、甚至是个人形象做到持续的叠加。即便以后换了号码、换了平台来向顾客传递这些消息，都丝毫不会影响顾客之前与你缔结的信任。但如果号码总在变，负责沟通的人也在变，给顾客发送的内容每次也都随心所欲，想发什么发什么，想说什么说什么，顾客对我们的印象就很难形成正面的叠加。这种情况下，前面发的所有消息就都失去了意义，时间长了顾客一样会忘了你，更有可能招顾客烦。所以，在顾客的管理与维护上，电话及短信的措辞一定要模板化。

目前，国内很多大的品牌已经从厂家的角度、品牌的层面，把电话做成模板化传递给终端，要求所有店面非常刻板地按照这个来发，这又会导致一个问题：顾客沟通过于模板化。模板的核心在于统一格式，而不是统一内容，前、后内容保持一样，中间内容是可以稍微有一些变化的。

和客户增进感情的技巧

与顾客之间增进感情有两大忌：第一，成交一次不再联络；第二，频繁联络导致厌烦。

不要考虑：

——说什么对方才会买！

要考虑：

——给什么，对方才会明白购买

你的产品是最合理的行动！

第一个大忌，成交一次不再联络。在顾客售后的服务里面，我们强调过一个词“藕断丝连”。如果我们在和顾客成交之后就不再联络了，那就不能“藕断丝连”了，直接是一刀两断。所以，在成交之后我们要保持与顾客之间的联系、互动，保持持续的交流、沟通。

如果在平常没有任何联系的情况下，你突然去联系顾客，请顾客给你做转介绍、做推荐，你觉得顾客心里会怎么想？“你平常想不起我，用我的时候想起我来了”，在这种情绪下，想让顾客帮你转介绍、做推荐基本上是不可能的。所以，经营顾客是一个持续活，不是一朝一夕就能搞定的，因为人就是这样，“你付出多少，对方的回报也会与之不相上下”。

第二个大忌，频繁联络导致厌烦。大部分销售都会在没成交之前频繁联络顾客，成交之后就再也不联络了。其实，这两种都挺让人厌烦的。

当大部分人和至亲的沟通频次保持在一周一个电话的情况下，如果你和顾客保持天天发信息、打电话的状态，他不烦你才怪。这一点，我在出差的时候深有体会，早上六七点，还在酒店睡觉，手机振动就开始一直响，一会儿一下，一会儿又一下，这个信息我是看还是不看？我在出差，万一是客户和同事发来的重要的信息呢？所以按照正常情况这个信息肯定是要看的，可是每次看完之后都很失望，因为全是一些天气预报等可有可无的信息。其实，偶尔的温馨提示是有价值的，但是每天都发不仅没意义，而且还会让别人厌烦。所以，少联系也比联系烦了要好。

与顾客之间的联系，既不能太频繁，也不能在成交之后“一刀两断”。除了这两个“大忌”，我们还需要注意：不要为了销售去联络顾客，联系顾客就要为他创造价值，否则就不应该联系客户。也许很多老板或者销售人员都会疑惑，“我联系顾客就是希望他来买我的东西，否则我联系他干吗？”

你和顾客沟通的时候，如果目的不纯，顾客是能感觉到的。如果你只想着把东西卖给他，那么顾客就会觉得“你跟我联系，给我打电话、发信息，对我这么好就是为了骗我钱”，只要你让顾客有了这种认识，他对你将无法产生任何信任，这种单子不管已经谈到什么地步了，随时都能飞。所以，千万不要为了销售去联络顾客，联系顾客就要为他创造价值。当你时时刻刻想着为顾客好，想着他能用到什么、需要什么的时候，他也会由衷地喜欢你，信任你，成交自然是水到渠成的事了。

简单来讲，就是不要考虑说什么对方才会买，而要考虑给什么，对方才会明白购买你的产品是最合理的行动！

两个人谈恋爱，不擅长说甜言蜜语的人也能收获对方的“非你不嫁”，整天把“你嫁给我吧，你嫁给我你会幸福的”这种话挂在嘴边，天天挖空心思去讨好对方的人，最后人家还是不嫁。我们为顾客服务也一样，说什么并不重要，能够持续地为他贡献价值，对方自然知道你才是最好的选择。这也是顾客经营、管理的最高境界，我称之为“春风化雨”。

分析客户，各个击破

未来家居建材行业的终端零售将会做得越来越精细，顾客的经营管理服务也会越做越精准，所以，顾客的分析就会变得非常重要。所有的分析无外乎两点，一是群体分析，二是个体分析。

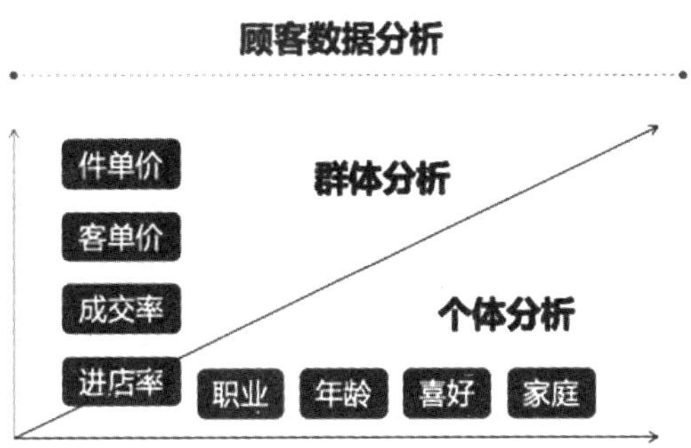

从进店率到成交率，从客单价到件单价，都需要一一进行分析。跟商场的人流量相比，我们的进店率是高还是低？跟同行相比，我们的进店率是高还是低？成交率如何？客单价又如何？“群体分析”可以让我们营销活动的目标、方向更准确，更有针对性。

对顾客的职业、年龄、喜好、家庭、所住的区域进行分析，对后面的经营、管理和营销，都有很大帮助，个体分析，能帮助你发现目标用户，然后针对这些用户有章法有套路地逐个击破，不至于乱打。

所以，对顾客进行“群体分析”和“个体分析”最终都是为了实现一个目的：为了保证我们营销活动的开展能够有的放矢。不同年龄段对产品、礼品的喜好是不一样的，对促销活动的感知及兴趣点也不同，针对目标人群的不同，在促销活动过程中广告的投放，活动的推广方式和渠道也就各不相同。不仅如此，做顾客分析对于我们该在什么节日给顾客准备什么样的小礼品都极具指导性意义，这有助于我们更好地维护老顾客。

你对顾客进行系统分析之后，不仅能够更加清楚自己的目标用户群体，还能因此降低运营和活动的成本，因为不需要去影响的顾客就可以直接放弃了。

如果你的顾客大部分都是“85 后”“90 后”，在选择推广和营销方式时，碎片化的微信营销就会显得非常重要，并且非常有效。如果你的顾客全是 50 岁、60 岁的中老年人，这个时候再用微信营销显然就不合适了，应该选择相对传统、略微守旧一点的营销方式，比如终端呈现、销售话术。如果你的顾客全是老顾客，就要考虑用一些相对成熟的导购来接待，这样既能让顾客快速放下戒备，还能够避免很多不必要的麻烦。

由此可见，顾客分析确实能够保证我们的营销活动变得有的放矢，目标感、方向感更强。

5.4
投诉要这么应对

处理顾客投诉的重要性

对于顾客的投诉管理，首先要从心态上摆正，来投诉的顾客对于终端店面来讲是一笔巨大的财富，因为他愿意告诉你，你的问题在哪里。

相信任何商家或个人都不愿意去处理投诉这项工作，但是当投诉真正来的时候，我们还是要想办法处理好。讲到这里，不得不解答的一个问题就是：顾客的投诉对店面来讲到底有什么意义？

第一，抱怨，表明顾客对我们还抱有期待和信赖。

第二，如果投诉处理得好，顾客对我们会更忠诚，顾客与我们之间的关系会更稳定。

有一次，我跟我一个朋友去一个清真小馆吃饭，点了一个炒青菜，菜上来后，我发现这盘青菜里面有个虫子。其实，这也算是很正常的事，我朋友觉得这事不能这样，要让老板给换一盘，而我当时觉得没必要，换上来的也未必就没有问题。我说："这盘只有一个虫子，你就不怕换了之后有两个虫子，或者只有半个虫子？"朋友一听觉得有道理，后来我们就把这盘菜放在了一边没吃、没退、没换，也没有就这个事要求打折，就这样结完账走了。我既不投诉，也不吵闹，因为我对这家店没有未来的期许，这种情况下，我们走了之后肯定不会再来这里吃饭了。

所以，如果顾客愿意投诉至少说明他还对你有所期待，希望你能有所改变，反观那些即使有问题也不发声的顾客，他已经对你没有任何期待了，就会任由你“破罐子破摔”，爱怎样怎样，反正以后他都不来了。顾客的抱怨等同于他对你的信赖。如果能给这些对你有所期待的人一个满意的答复，他们将会更加信任你，极有可能成为你的铁杆粉丝。

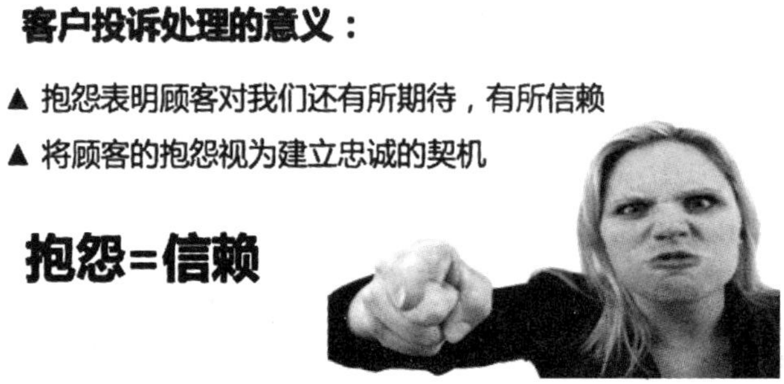

如果有个顾客买了你的床，后来这个床出了问题，顾客回来投诉，他之所以会选择投诉是因为他希望你能给他一个解决办法。是给他修还是换，是退货还是补偿？如果你能够给顾客一个合理的解释，他依然会保有对你的信赖，甚至比以前更加忠诚。

店面处理投诉的流程

处理投诉的流程一共分为五个步骤。

第一步，聆听。

当顾客来店里投诉的时候，大家觉得是发泄情绪更重要，还是解决问题更重要？可能很多人会觉得解决问题更重要，所以，当你见到顾客的时候想的是顾客的这个问题该怎么解决，这个方案到底应该怎么做。

其实，这种理解是错的！所有人来投诉的时候，一定是要先发泄情绪，然后才考虑解决方案。因此，处理顾客投诉的第一步，也是最重要的一步是——聆听。

在聆听的过程中需要把握两点。

首先，要尽量少说话。很多人并不了解这个小窍门，所以在顾客讲话的时候，他也在不断搭话，不断解释。其实，这个时候，你需要做的是把耳朵竖起来，能不说话就尽量别说话。

顾客分析能保证我们的营销活动有的放矢！

其次，时不时用点头或者简单的言语给予对方认可和理解，引导对方充分发泄情绪。只要把情绪发泄完，不管多复杂的投诉，不管多要命的售后问题，后面就都好解决。聆听这个环节对于解决投诉问题至关重要，因为不管是两个人的日常交往，还是我们跟顾客之间的这种投诉的处理，最难处理的一定都是情绪。所以第一个环节，一定要听好，让顾客说爽。

第二步，体恤。

一定要对顾客表示理解。我们站在顾客的角度想一想，他花一万多块钱买了个床，居然出了不该出的问题，他来投诉也没指望就能退、能换、能补偿，但是他希望你最起码能好好听他把事说完。

有些销售特别不会说话，遇到顾客投诉，竟然对顾客说：“您运气真差，我接待这么多顾客就你们家遇到这种事了。”这话任谁听了心里都会冒火，“你什么意思，我点儿背，活该呗？”所以，这个时候要对顾客表示充分的理解，“大哥，这事确实是，别说是你，这事搁谁身上谁都不舒服，要是我，我也得发火。”你对顾客的遭遇表示理解，体恤他现在的心情，顾客一听心里就会舒服很多，大家才能坐下来好好解决问题。

除了要对顾客表示理解，还要对顾客表示“歉意”。“这事确实对不起，我们让您为难了，给您带来不便实在很抱歉。”

在这里注意，你可以说“抱歉、对不起”，但千万不要说“都是我们的错”，为什么？只要有人说了这句话，不管是谁说的，顾客在后续解决问题的时候就会抓住这一点不放，“你们家 ××× 说了都是你们的错！”也许你当时说这句话，只是为了安抚顾客的情绪，但是一个不小心有可能给自己挖了个“大坑”。

第三步，厘清。

选择在顾客情绪发泄完了之后再来厘清问题的脉络，才是明智之举。如果在顾客心中一团怒火的时候去厘清问题，基本上是不太可能的。因为那时候他见谁就跟谁吵，见谁就骂谁，怎么可能把事情说明白？

什么叫厘清？我用了这个“厘”，而没有用整理的“理”，因为“厘”字更精准。厘清的意思是“我们要搞清楚事情的来龙去脉”。

网络上有个经典的段子。某公司老板早上去上班的时候，发现有一个人在办公室里大呼小叫、走来走去，老板很不爽，直接叫来人力资源部经理，“给他两千块钱，让他马上滚蛋。”结果搞笑了，这个人根本就不是他们的员工，而是送快递的小哥。这个老板在没厘清状况的情况下，就出了解决方案，必然会出错。所以，我们在处理顾客投诉的时候，一定要把事情的来龙去脉搞清楚，再给出解决方案。至少要搞清楚下面这几个问题：

第一，到底是不是你们家的产品？

第二，顾客什么时候买的？是否还在我们承诺的服务期内？

第三，问题到底是由什么原因造成的？

如果不搞清楚这几个问题就去解决问题，很容易弄出一些乌龙事件。

比如，不是你们家的产品，你去解决那不是很搞笑吗。很多时候顾客的产品买了很久，如果你还没有搞清楚，就赔钱或者修理，不是有点冤大头的意味吗？

所以，要把事情的来龙去脉厘清，如果这些问题搞不明白，最后的解决方案也很难让对方满意。如果顾客的问题是人为原因或者是意外造成的，我们当然也要负责，但是跟产品的缺陷和产品本身有质量问题是有本质区别的。

第四，呈现。

当顾客的情绪已经相对稳定，我们也搞清楚事情的来龙去脉，这时候就该呈现一个解决方案了。

没有提出解决方案，这件事就永远不会被解决，大家谈来谈去也都不会有太大意义。在销售的过程中也是如此，如果销售不去推进成交，顾客很少自己主动提出“今天我就把钱交了”。所以一定要有解决方案。

销售员：“大哥，你这个事情我听明白了，具体是因为一、……二、……三、……您看，具体是这个情况，对吧？”

顾客说：“对，你说得没错，就是这样。”

销售员：“对于出现这样的问题，我们确实非常抱歉。我整理了一个解决方案一、……二、……三、……您觉得这样解决怎么样？”

如果顾客对你提出的解决方案满意，按照这个方案执行就可以了；如果顾客觉得你这个方案不行，可以再谈。但是注意，在这个环节一定要不断提方案，只有不断地提出方案，顾客和我们之间才能不断碰撞，最后才有可能达成一致，将事情解决。

我们在提供解决方案的时候，需要优先考虑“补偿性关照”。

什么是补偿性关照？就是对问题商品进行打折，增加赠品，或者承担额外责任。你可以告诉顾客，“因为这件事，我们某个员工要被罚款，我们就当交个朋友，这个产品我给您打个最低折扣，再给您准备一些东西作为赠品”。如果顾客仍然觉得不满意，那就继续沟通，但是我要提醒大家，在提供解决方案的时候一定要会用补偿性关照。

第五，行动。

方案呈现完之后，一定要记得马上行动。

很多人其实都能提供一个还不错的解决方案，但是方案出了不落实。如果你承诺了顾客，两天之内会有师傅上门维修，并且承包了后期的补偿或者其他的善后工作。可是两天过去了，却没有人联系顾客，甚至有时候一周后，才有人打电话联系，你觉得顾客能爽吗？这样不仅不能有效地解决第一次投诉，还有可能招致二次投诉。所以，有了方案之后，要马上行动。

妥善处理顾客投诉的两个关键点

除了我们前面强调的聆听、体恤、厘清、呈现、行动这五个步骤外，终端店面在处理顾客投诉的时候还有两个关键点需要注意。第一个关键点，处理完之后要回访。

基本上按我前面讲的五步做，就能把问题处理到 90 分、95 分，但是如果能再增加一个回访，就能把这个事情做到 100 分。当产品维修做完了，各项补偿都做好了，3 天之后，你需要再给顾客打个回访电话。

“× × 大哥，您上次来说的那个问题，处理得怎么样了？后续使用上还有没有再出现什么问题？之后您如果对我们的产品、服务有任何建议，都可以给我们打电话，欢迎随时来电，我们时刻准备好为您服务。”之所以要做这个回访，一方面是为了跟进事情的进展，了解顾客对问题处理的满意程度。另外一方面和顾客强调，我们会持续帮他创造价值，这样顾客心里会很舒服，再一次稳定了顾客和我们之间的关系。

第二个关键点，终端要想处理好投诉，一定要有适当的授权。

如果你处理过顾客投诉，或者你之前投诉过别人，这中间最尴尬的事莫过于处理顾客投诉的那个人没有得到相应的授权，也就是对于解决方案中的任何允诺他并没有拍板的权利。如果在和顾客谈完之后，解决方案是：赔偿顾客 100 元维修费再赠送顾客两个小抱枕作为补偿。如果这时候你对顾客说："您稍等，我要请示一下老板。"这个时候顾客就会想：赔偿 100 元和两个小抱枕都需要请示？最终的聊天一定很不愉快。

所以，让处理投诉的人拥有一定范围的授权，这点很重要。对于小范围的赔偿，处理投诉的人要有现场拍板的权利，如果他没有这个权利，谈所有的事情都会畏首畏尾，最后自然很难打动顾客。所以，要想处理好投诉，适当授权很重要。

我给各位老板一个建议：把顾客投诉的处理指定给固定的一两个人，然后赋予他们相应的授权。不用担心他们会乱用你给的权利，这基本上不太可能。其实国内有很多企业对客服部的员工都有最高授权，普通客服能行使最基本的授权，而客服总监有客户投诉处理的最高授权。如果客户总监觉得这个顾客我应该赔他一辆车，这个顾客我们应该赔他 10 万元，他必须有权利行使这些方案，最后，才能以较小的赔偿赢得更高的顾客满意度。授权，不仅能让客人更舒服，还能让员工更有担当，更敢担当。

我们顾客管理的最终目标是要实现从客户到用户、从用户到粉丝的这种转变。还是那句话，在家居建材行业，未来一定是要靠顾客的经营来实现持续盈利，因为能够获取的新顾客有限，并且获取新顾客成本过高。所以，经营老客户就成了一种效果奇佳的低成本经营方式。

买你东西的人，是你的客户，如果这个客户选择持续使用你的产品，他就会成为你的用户，用户对产品、品牌都会有一定的忠诚度。如果这个用户对你的产品、服务非常满意，他就会成为你忠实的粉丝。顾客是购买，用户是满意，粉丝才是忠诚，粉丝才能为你创造价值。

一旦顾客成为你忠诚的粉丝，那么他就会自动自发地向他身边的人推荐你的产品，他说一句，顶得上销售人员说一百句。因为，他站在一个用户的角度来帮你说话，比普通的销售人员更具说服力。所以，我一直在不断地强调要持续和顾客保持良好的互动，维护好与顾客之间的关系。经营顾客的核心就是要把顾客变成我们的粉丝，对我们的品牌进行口碑的传播。

到此，我们整个终端运营管理的系统基本就讲完了，关于终端的运营、管理、营销，不仅仅是技术，更是艺术，我非常希望，大家能早日将知识锤炼成技术，升华到艺术。

简单的事情重复做，你就是专家！
重复的事情用心做，你就是赢家！

把这两句话送给大家：“简单的事情重复做，你就是专家！重复的事情用心做，你就是赢家！”曾经不止一次看到过这句话——“因为专注所以专业”。其实，我想告诉大家，要想专业仅仅专注是不够的，还要用心，只有你既专注又用心，还能用对方法，最后才可能成为专家。